Richard Muther

Rembrandt, ein Künstlerleben

Verlag
der
Wissenschaften

Richard Muther

Rembrandt, ein Künstlerleben

ISBN/EAN: 9783957007261

Auflage: 1

Erscheinungsjahr: 2016

Erscheinungsort: Norderstedt, Deutschland

Hergestellt in Europa, USA, Kanada, Australien, Japan
Verlag der Wissenschaften in Hansebooks GmbH, Norderstedt

Cover: Rembrandt "Der Künstler in seinem Atelier"

REMBRANDT

VON

RICHARD MUTHER

Rembrandt.

SELBSTBILDNIS

Paris, Louvre

1633

REMBRANDT

EIN KÜNSTLERLEBEN

VON

RICHARD MUTHER

MIT DREISSIG ABBILDUNGEN

EGON FLEISCHEL & CO. BERLIN
1904

Das Schaffen Rembrandts schildern, heisst eine Schicksalstragödie schreiben: die Tragödie des Künstlers, die Tragödie der Kunst. Blicken wir zurück in die Zeiten des Mittelalters, in die Tage der Renaissance. Da waren Schaffende und Geniessende eins. Von der Kirche und den Königen gingen die Aufträge aus, und die grössten Künstler waren diejenigen, die das, was gewünscht wurde, am besten lieferten. Heute ist das anders. Diejenigen, die irgend welchem Auftraggeber dienen — mag er Staat oder Publikum heissen — dienen in der Regel nicht der Kunst. Und die, die der Kunst dienen, gehen einsam, oft als Märtyrer ihren Weg. Wie kommt das? Nun, die Erklärung liegt wohl darin, dass früher eine einheitliche Weltanschauung Schaffende und Konsumenten verband. Rafael und Tizian, Velasquez und Rubens dachten gar nicht daran, etwas anderes malen zu wollen, als was ihre Auftraggeber, freilich hochgebildete, forderten. In Zeiten des Gärens, wenn eine alte Weltanschauung ins Grab sinkt und eine neue sich vorbereitet, wird dieser Zusammenhang sich lösen. Künstler und Schriftsteller ziehen, von wenigen Intelligenten begleitet ins Neuland aus, während die träge Masse der beati possidentes noch im alten Gelände verharrt.

Rembrandts Schaffen fiel in eine solche Zeit, als etwas ganz Neues sich gestaltete. Ein junges Volk hatte wie ein bürgerlicher Keil sich in die aristokratische Welt geschoben. Inmitten der Monarchieen Europas war Holland die einzige Republik. „Sire, geben

Sie Gedankenfreiheit!" Dieses Wort des Marquis Posa schien hier zur Wahrheit zu werden. Rembrandt, als Sohn dieses freien Hollands, war der erste freie Künstler. Statt wie die früheren einem kirchlichen oder weltlichen Hofstaat sich einzuordnen, war er auf seine königliche Unabhängigkeit stolz. Statt wie die früheren sich an Aufträge zu binden, zeichnete und malte er das, was sein Genius ihm eingab. Er hat so das Reich der Kunst um ganz neue Provinzen erweitert. Er ist Wege gewandelt, die noch kein früherer ging, hat Schätze gehoben, die des Entdeckers harrten. Doch wie hat das freie Holland ihm gedankt? Man steht vor der seltsamen Tatsache, dass der Weg zur Freiheit, den die Völker gehen, für den Künstler nur zu zweierlei führen kann: entweder, wenn er ebenfalls frei sein will, zur Nutzlosigkeit, oder, wenn er fortfährt verwendbar zu sein, zum Verzicht auf sein Künstlertum. Denn es ist ein Unterschied, ob ein einzelner, der Grosses will, dem Geschmack eines Meisters sich anvertraut, oder ob eine tausendköpfige, künstlerisch unerzogene Masse versucht, den Künstler nach ihrem Geschmack zu leiten. Als Francesco Barberini den päpstlichen Stuhl bestieg, soll er zu Bernini gesagt haben: „Es mag ein Glück für Euch sein, dass Euer Gönner Papst wurde, doch grösser ist mein Glück, dass das Leben des Cavaliere Bernini in mein Pontifikat fällt." Das ist das Wort eines Herrn, der im Künstler zwar den Diener, doch zugleich den Genius sieht. Die Herde hat für den Genius kein Verständnis. Zu Dienern des Herdengeschmackes geben nur die Kleinen sich her. So bleibt den Grossen nichts übrig, als „trotz alledem" weiter zu schaffen. Sie können als freie Künstler ungestört verhungern.

Die Tragödie Rembrandt ist der erste typische Fall dieses künstlerischen Märtyrertums, das mit bourgeoisen Kulturen untrennbar verwachsen scheint. Man verfolgt, wie er erst sich bemüht, die Welt zufrieden zu stellen; dann, wie er, des trocknen Tones satt, ihr voll Ingrimm den Fehdehandschuh hinwirft; wie er, des Kampfes müde, sich in sich selbst zurückzieht, und wie die Welt schliesslich, da sie dem Künstler nichts mehr anhaben kann, sich am Bürger rächt. Man schreibt keine Einzelbiographie, sondern die Tragödie des Künstlers. „Nimm dein Kreuz auf und folge mir."

Rembrandt van Ryn wurde am 15. Juli 1606 in der alten Universitätsstadt Leyden geboren. Sein Vater war Müller, seine Mutter eine Bäckerstochter. Er war das fünfte von sechs Kindern. Dass in dem Kopfe dieses einen Kindes der göttliche Funken lebte, während die anderen als brave Nullen durchs Leben gingen, ist eine jener Kapricen der Natur, die der Deutung spotten. Man sucht auch vergebens nach Jugendeindrücken, die sein Schaffen bestimmt haben könnten. Höchstens die Landschaft kommt in Frage. Denn das Haus seines Vaters lag am Ende der Stadt, gerade an der Stelle, wo die beiden Arme des Rheins sich scheiden. Und noch weiter draussen im freien Feld lag die Windmühle. Oft mag er vom Hügel dieser Windmühle in das flache, holländische Land geblickt haben, auf die Dünen in ihrem melancholischen Braun, auf den von Wolken durchfegten Himmel. Gewisse pantheistische Gedanken durchschwirrten seinen Kopf. Spinoza.

Über den Beruf, den er wählen sollte, war er sich anfangs nicht klar. Erst nachdem er eine Zeitlang an der Universität inskribiert gewesen, ging er, um Maler zu werden zu Isaak Swanenburch, hierauf nach Amsterdam zu Pieter Lastmann. Nun hätte entweder die herkömmliche Studienreise nach Italien folgen können. Oder es hätte für ihn nahegelegen, nach Haarlem zu gehen, wo Franz Hals damals seine entscheidenden Werke schuf. Doch Rembrandt war wohl der Anschauung, man dürfe das, was man wird, nur sich selber danken. In selbständigem Nachdenken wollte er die Ausdrucksmittel seiner

Kunst beherrschen lernen. So richtete er im elterlichen Hause in Leyden seine Werkstatt ein und begann mit einer sorgsamen Kleinmalerei, die fast an die Tage Jan van Eycks erinnert. In akkuratester Genauigkeit malt er seine Modelle ab. Schweinslederne Folianten, Rüstungsstücke, Kannen und Töpfe ordnet er neben den Figuren zu sauberen, kleinen Stilleben an. Zugleich beschäftigen ihn Lichtprobleme. Denn die Lichtmalerei war ja in allen Ländern Europas auf den zeichnerischen Stil der Spätrenaissance gefolgt. Caravaggio als erster hatte, um die Plastik seiner Gestalten zu steigern, mit scharfen Gegensätzen von Licht und Schatten gearbeitet. Grell und ölig fallen die Sonnenstrahlen auf einzelne Partieen seiner Bilder, während andere in undurchsichtigem Dunkel verschwimmen. Lastmann, Rembrandts Lehrmeister, hatte diesen Kellerlukenstil nach Holland gebracht, und Gerhard Honthorst in Utrecht verschärfte den Licht- und Schattenkontrast noch dadurch, dass er gewöhnlich Kerzenbeleuchtung wählte. Rembrandt, dieser Überlieferung folgend, malte ähnliches. „Petrus im Gefängnis“, „Paulus im Gefängnis“ lauten die Titel einiger frühen Bilder. In die Sprache des Künstlers übersetzt, will das sagen, dass in einem dunklen, gewölbten Raum eine Lichtsäule prall auf einen Greisenkopf fällt.

Das Pariser Bild, wie Judas, von Reue erfasst, das für den Verrat des Heilands erhaltene Geld dem Hohenpriester zurückbringt, erregte wegen der Geschicklichkeit, mit der dieses Carravaggio-Problem bewältigt war, schon in Leyden Aufsehen. Und das Berliner Bild mit dem alten Geldwechsler, der bei Kerzenlicht die Echtheit eines Goldstückes prüft, könnte von Honthorst, dem Gherardo dalle notti, herrühren, wenn die miniaturhafte Filigranarbeit der Ausführung nicht im Gegensatz zu der Breitmalerei des in Italien geschulten Naturalisten stände. In Ermangelung von Berufsmodellen liess er seine Angehörigen Modell sitzen. Seine Mutter, ernst und streng, hat die Bibel auf dem Schoss, in der Hand den Zwicker. Sein Vater, der Müller, trägt auf einem Amsterdamer Bild einen eisernen Harnisch und ein Federbarett. Es war ja die Zeit des grossen Krieges. Versprengte Söldner aus allen Ländern Europas trieben sich in Holland herum. So erklärt sich die Vorliebe für militärische Allüren — bei Rembrandt ganz ebenso wie bei den Schülern des Franz Hals.

Wie mit dem Pinsel lernte er mit der Radiernadel umgehen. Man sieht auch aus diesen Blättern, dass das Holland von damals ein grosses Heerlager war, wo es ausser von Landsknechten auch von Landstreichern wimmelte. Solche Vagabunden der Heerstrasse, Bettler, Krüppel und Abenteurer hielt er wie Callot in schneidigen Momentaufnahmen fest. Doch namentlich beschäftigte ihn sein eigener Kopf. Rembrandt war nichts weniger als schön. Besonders die breite, knollige Nase gab seinem Gesicht etwas Derbes, Plebejisches. Wenn er trotzdem nicht müde wurde, sich zu verewigen, dermassen, dass die Reihe seiner Bildnisse wie eine erschütternde Selbstbiographie anmutet — so ist der Grund der, dass er an seinem eigenen Kopf bequem alles studieren konnte, was ihn als Künstler beschäftigte. Man denkt an Claude Monet, der in seinem Zyklus „Die Getreideschober" von allen Lichtstimmungen des Universums berichtete. Die Renaissance, im Banne des plastischen Ideals, kannte nur eine ruhige, gleichsam versteinerte Mimik. Die Barockkunst, im Gegensatze dazu, suchte alle Äusserungen des Affektes in greller Unmittelbarkeit zu geben. Auch Rembrandts erste Selbstbildnisse sind also physiognomische Studien. Er stellt sich vor den Spiegel und schneidet Gesichter. Er zeichnet sich, wie er schielt, wie er zornig die Augen rollt, wie er abenteuerlich gleich einem gefährlichen Briganten dreinblickt, wie er uns angrinst, wie sein Haar sich in Entsetzen emporbäumt. Über die Modellgrimasse kam er noch nicht hinaus. Die Blätter haben das Unnatürliche, Forcierte, das solchen têtes d'expression in der Regel anhaftet. Doch sie sind interessant, weil sie zeigen, welchen systematischen Lehrkursus Rembrandt durchmachte, um später der Maler der Seele zu werden. Mann kann die Natur nicht beherrschen, wenn man nicht vorher ihr Sklave war, kann flüchtige Gefühlsregungen nicht wiedergeben, ohne sie in galvanisiertem Zustand studiert zu haben.

Zwei Bilder von 1631 schliessen diese Leydener Tätigkeit ab. Die heilige Familie, in München, wie bei allen Barockmalern als Szene aus dem Handwerkerleben aufgefasst, wirkt zwar leer neben den traulichen Idyllen seiner späteren Zeit. Aber der ängstliche Miniaturmaler ist einer grossen Leinwand hier erstmals kühn gegenübergetreten. Die Darstellung des Jesuskindes im Tempel, jetzt im Haag, fesselt durch ihre eigentümliche Raumpoesie. Man blickt in einen weiten, hohen Dom wie in ein Meer der Unendlichkeit hinaus. Erzählt diese Weiträumigkeit von Sehnsucht? Lockte es ihn, hinauszusegeln in das weite, unendliche Meer des Lebens? Wie ein Eroberer, die Hand in die Seite gestemmt, steht er auf dem Selbstporträt von 1631 da. Das Elternhaus war ihm zu eng. Amsterdam, die Grossstadt, wo es so viele Maler zu Ehren und Reichtum gebracht, sollte die Bühne seiner Wirksamkeit werden.

Er zählte 26 Jahre. In der ehrbar stillen Philologenstadt Leyden hatte er seine Jugend verlebt. Jetzt war er nicht mehr als Rapin, sondern als freier Mensch von allen Lockungen des Lebens umwogt. Das muss für ihn ähnlich gewesen sein, wie wenn ein Gymnasiast die Schulbank verlässt. Stark sinnlich und jung, stürzte er sich wollüstig in den Strudel. Eine Anzahl von Radierungen — in den Kupferstichkabinetten als „Sekreta" verwahrt — geben von seinem Geschlechtsleben in fast rüpelhafter Weise Kunde. Doch im übrigen war er ein fleissiger, braver Mensch. Das Schiff der Fortuna zeigt ein anderes Blatt, das er damals zeichnete. Und „faire fortune“ war der Wahlspruch, der sein Tun beherrschte.

Die Achse, um die die holländische Kunst sich drehte, war das Porträt. In allen Galerieen der Welt kommen die Bildnisse jener tüchtigen Bürger vor, die damals Holland zum ersten Handelsstaat Europas machten. Man sieht Männer: eckig, knorrig und selbstbewusst. Man sieht Frauen: arbeitsam, bieder und sittenstreng. Neben den Einzelporträten hängen die verschiedensten Gruppenbilder. Die Schützengesellschaften hatten im Holland von damals die Bedeutung unserer Kriegervereine. Während des Kampfes mit Spanien hatten sie dem Vaterland tapfere Landwehrleute gestellt, und nun, als Ruhe im Lande war, pflegten sie den kriegstüchtigen Patriotismus. Jeder Verein hatte seinen Exerzierplatz und sein Kasino, wo Preisschiessen und Liebesmahle stattfanden. Das ist das Thema der „Schützenstücke“. Andere Herren und Damen, die zum Verwaltungsausschuss einer öffentlichen Wohltätigkeitsanstalt, eines Armen- oder Krankenhauses, eines Waisen- oder Altmännerhauses gehörten, liebten in dieser Eigenschaft sich malen zu lassen. Für die Gildenhäuser der verschiedenen Innungen — der Tuchmacher, Färber und Seifensieder — wurden die Porträte der Zunftmeister verlangt, wie sie beratend, rechnend oder schreibend zusammensitzen. Selbst in das Theatrum anatomicum — die Chirurgie war ja im Zeitalter des 30jährigen Krieges eine sehr wichtige Wissenschaft — wurden grosse Bilder gestiftet, die den an der Leiche oder am Skelett demonstrierenden Professor im Kreise seiner Assistenten darstellen. Bisher hatten Maler wie Cornelis van de Voort, Werner van Valckert, Elias Pickenoy und Thomas de Keyser in Amsterdam den Bedarf an solchen Werken gedeckt. Und in ihre Reihe trat nun auch Rembrandt.

Eigentlich ist es für den Künstler kein Vergnügen, der Porträtist von Hinz und Kunz zu sein. Die Photographen verstehen sich besser auf die banale Ähnlichkeit und die verschönernden Retuschen, die das Publikum fordert. Dazu kam in Holland noch die Reizlosigkeit der Tracht. Die nüchterne Kleidung der Männer, die starren Halskrausen, der schwere Korsettpanzer der Frauen schlossen alle Pikanterieen, sowohl in der Farbe wie in der Bewegung, aus. Trotzdem hatte Rembrandt den Ehrgeiz, der gesuchteste Porträtmaler Amsterdams zu werden. Bildnisse in ganzer Figur, Kniestücke und Brustbilder sind massenhaft in den Jahren 1632 bis 34 entstanden. Sie machen mehr als ein Zehntel seines oeuvre aus. Und ganz erstaunlich ist, mit welcher Selbstentäusserung er den Anforderungen des Publikums sich fügte. Vergessen sind die Federbaretts und die Rüstungsstücke seiner Leydener Jahre. Nie denkt er daran, dem Ausdruck etwas Verblüffendes geben zu wollen oder interessanten Beleuchtungseffekten nachzugehen. Ernste Männer und strenge Frauen in schwarzem Rock und weissem Kragen, mit schwarzem Filzhut und gestärkter Haube sind korrekt und nüchtern in kühlem, sachlichem Ton gemalt. Es ist fast kein Unterschied zwischen seinen und de Keysers Bildern. Nur durch einen leisen Anflug von Handlung sucht er in das öde Einerlei der Naturabschrift eine gewisse Lebendigkeit zu bringen. So malte er den Schreiblehrer Coppenol, wie er seine Feder zuspitzt und den Kopf wie fragend uns zukehrt. In dem Doppelporträt des Schiffsbaumeisters mit seiner Frau begnügte er sich nicht, zwei alte Leute nebeneinander zu stellen. Der Alte sitzt über seine Zeichnungen gebeugt am Schreibtisch und unterbricht für einen Augenblick die Arbeit, da seine Frau mit einem Briefe ins Zimmer tritt. In ähnlicher Weise unterscheidet sich die Anatomie des Doktor Tulp von den Werken der früheren. Sowohl Aert Pietersen wie Thomas de Keyser, die vorher solche Anatomiebilder malten, hielten ihre Aufgabe für gelöst, wenn sie eine Anzahl Herrenporträte wahr auf die Leinwand gebracht hatten. Keiner der Dargestellten sieht auf den Professor oder auf den Leichnam — sie wechseln untereinander oder mit dem Betrachter Blicke. Rembrandts Anatomiebild verhält sich in dieser Hinsicht zu den älteren Darstellungen, wie Leonardos Abendmahl zu dem Ghirlandajos. Tulp demonstriert an den blossgelegten Armsehnen eines Leichnams, und die andern, vornüber gebeugt, folgen aufmerksam seinem Vortrag. Das ermöglichte gleichzeitig die Gruppierung um ein Zentrum: der Leichnam, auf der einen Seite durch die Köpfe zweier Assistenten, auf der andern durch ein aufgeschlagenes anatomisches Lehrbuch begrenzt, bildet die Basis einer Pyramide, die in dem Kopf des obersten Assistenten gipfelt. Und die Geschlossenheit dieser Pyramidal-Komposition wird noch durch die Lichtbehandlung verstärkt. Der grünlich-weisse, wie von einem elektrischen Reflektor beleuchtete Kadaver gibt auch den Kleidern und Köpfen der Männer etwas von seinem grünlichen Tone ab. Das ist aber alles, was Rembrandt sich als Künstler erlaubte. Mochte er das Einzelne dem Ganzen unterordnen, so hatte doch jeder Veranlassung, auch mit der Ähnlichkeit seines Bildnisses zufrieden zu sein.

Zur Lösung rein künstlerischer Probleme dient ihm nach wie vor sein eigener Kopf. Denn ein Maler will doch auch Maler sein. Es ist auf die Dauer unerträglich, immer die nämlichen schwarzen Kleider, die nämlichen Schlapphüte, die nämlichen Manschetten und Halskrausen abzupinseln. Man will in Farben schwelgen, will sich an schönen bunten Stoffen, am Leuchten und Schimmern von Metall erfreuen. Diese Sehnsucht nach Farbe veranlasste die „rote Weste“ der Romantiker. Sie veranlasste auch Rembrandt, sich wie einen Karnevalprinzen zu maskieren, zu drapieren und auszustaffieren. Nach dem

Bericht eines Schülers stand er oft stundenlang am Spiegel, um die Wirkung eines Federbaretts auszuproben. Und da ihn die physiognomischen Experimente, die ihn in Leyden beschäftigt hatten, auch jetzt noch reizten, wirken seine Selbstbildnisse, als ob es um einen Schauspieler sich handelte, der in den verschiedensten Rollen auftritt. Die seltsamsten Formen gibt er seinem Bart. Bald blickt er müde, bald würdevoll, da freundlich, dort finster drein. Da malt er sich in reichem Brokatmantel, der in leuchtendem Rot die Schultern umfliesst, dort in funkelndem Pallasch oder in goldgestickter, pelzbesetzter Schaube. Bald trägt er ein Barett mit wallenden, blauen und grünen Federn, bald eine blinkende Sturmhaube. Ohrringe, goldene Ketten oder ein blitzendes Messer, das er in der Hand hält, dienen weiter zur Erzielung glitzernder Farbeneffekte. Und in ähnlich phantastischem Aufputz malte er zur selben Zeit ein junges Weib. Der Kunsthändler van Uylenburgh, bei dem er während der ersten Wochen in Amsterdam Absteigequartier genommen hatte, bestellte bei ihm das Porträt seiner Base Saskia, einer reichen Waise. Rembrandt malte das Bildnis, das heute in der Sammlung Haro in Paris bewahrt wird. Doch auch nach Erledigung dieses Auftrages kam Saskia noch häufig in Rembrandts Werkstatt. Eine ganze Reihe von Bildern entstanden, die gleich Rembrandts Selbstporträten nur der Freude am Schillern und Gleissen schöner Stoffe ihr Dasein danken. Nicht mehr wie ein holländisches Mädchen von 1630 sieht Saskia aus. Rembrandt selbst hat sie hergerichtet: Friseur, Modistin und Konfektioneuse in einer Person. Bald fällt das weiche, blonde Haar in breiten Wellen auf die Schultern herab, bald umringelt es in eleganten Locken die Stirn. Unerschöpflich ist er, Hüte zu erfinden und Federn zu biegen, Bänder zu stecken, Pelzmäntel malerisch umzuwerfen und den Ausschnitt des Mieders möglichst apart zu gestalten. Jäckchen aus Silberstoff, Spitzenfichus,

Goldborten und Pelzbesatz vollenden den Eindruck einer Schönheit, die nicht dem Leben entnommen, sondern von einem Künstler erfunden wurde. In dem Bilde des Stockholmer Museums hat sie den roten, goldgestickten Sammetmantel umgelegt, den Rembrandt selbst für seine Bildnisse verwandte. In einem Bilde der Galerie Liechtenstein malt er sie, wie ihre Gardedame ihr das breit auseinander gelegte goldblonde Haar frisiert. Auf einem der Dresdener Galerie schaut sie wie geblendet vom Sonnenlicht unter einem grossen samtenen Hute hervor. Auf einem andern, das Mieder halb gelöst, bietet sie dem Betrachter ein Vergissmeinnicht, während das Licht auf dem hellblonden Haare spielt. Auf einem Kasseler Bild, einen grossen samtgefütterten Filzhut, den bekannten Rembrandthut, auf dem Kopf, zeigt sie die feinen Linien ihres Profils; Perlen und Ketten funkeln und glitzern im Ohr, am Hals, an den Handgelenken. Auf der „Flora“ der Petersburger Eremitage ist sie als arkadische Schäferin dargestellt, blumengeschmückt, in der Hand einen blumenumwundenen Hirtenstab. Man denkt an die Kostümfeste, die in Hans Makarts Tagen gefeiert wurden.

Saskia war das Gegenteil einer klassischen Schönheit. Aber sie muss etwas Feines und Zierliches, den Reiz eines Elfenbeinfigürchens gehabt haben, wenn man der Zeichnung des Berliner Kupferstichkabinetts trauen darf, auf der sie so gaminhaft unter ihrem grossen Strohhut hervorblickt. Und dieses puppenhaft Niedliche war es wohl, was als Kontrast auf den vierschrötigen Rembrandt wirkte. Die beiden jungen Leute liebten sich und wollten sich heiraten. Im Juni 1633 feierten sie Verlobung. Doch Saskias Vormund machte Schwierigkeiten. Denn Rembrandt war zwar einer der gesuchtesten Maler Amsterdams. Houbraken erzählt, sein Atelier sei so überlaufen gewesen, dass man ihm Geld und gute Worte habe geben müssen, um ein Porträt zu erhalten. Auch seine Lehrtätigkeit — die Schüler strömten ihm zu

— verschaffte ihm Einnahmen in Fülle. Immerhin — man kann nie wissen, wie ein Maler endet. Obendrein war er ein Plebejer, ein Müllerssohn, während die reiche Erbin aus altpatrizischem Geschlechte stammte. Irrt man, wenn man einige seltsame Bilder Rembrandts in Zusammenhang mit diesen persönlichen Erlebnissen bringt? Gewiss ist Vorsicht sehr angebracht. Die Stoffwahl kann durch rein künstlerische Gesichtspunkte bestimmt sein. Aber merkwürdig bleibt, dass, so oft er solch ein fernliegendes, von keinem Früheren behandeltes Thema aufgreift, auch stets ein Zusammenhang mit seinem Leben sich darbietet. In der Berliner Galerie hängt zum Beispiel das Bild, wie Simson zu seinem Weibe gehen will und das Haus verschlossen findet. „Ich glaubte, du wärest ihr gram geworden und habe sie einem andern gegeben!“ ruft der Alte, den Laden öffnend, herunter. Simson, wütend, droht mit geballter Faust. Liegt es nicht nahe, hier einen Zusammenhang mit Rembrandts Verlobungsgeschichte anzunehmen? Und sind bei anderen Bildern jener Jahre nicht ähnliche Ideenverbindungen vorauszusetzen? Es war so seltsam, dass Rembrandt, der Müllerssohn aus Leyden, die vornehme Patriziertochter gegen den Willen ihrer Verwandten gewann. Saskia, zu den oberen Zehntausend gehörend, sollte in eine Familie der unteren Volksschichten einheiraten. So malt er sich als Pluto, als den Fürsten der Unterwelt, wie er die Proserpina entführt. Schliesslich, als im Juni 1634 die Hochzeit gefeiert ist, entsteht das Bild „Simsons Hochzeit“. Saskia, wie sie fein und still gleich einer Prinzessin im Kreise ihrer vornehmen Verwandten sitzt, die Rembrandt-Simson als derber, plumper Prolet durch seine bärenhafte Lustigkeit mehr erschreckt als erheitert.

„Simson gibt den Philistern Rätsel auf!“ Das Thema scheint überhaupt symbolisch. Lange genug war er der Pegasus im Joche gewesen, hatte zu allerhöchster Zufriedenheit die Bestellungen des

P. T. Publikums erledigt. Dieses trockenen Tones war er nun satt. Die Verbindung mit Saskia machte ihn unabhängig. Er war selbst reich wie die Protzen, die ihn mit Aufträgen beehrten. So freut es ihn jetzt, den Künstler herauszukehren. Er will der Welt zeigen, dass Geld doch nur Wert hat, wenn es nicht im Geldkasten liegen bleibt. Er will Front machen gegen den Krämergeist, die bedächtige Pfennigfuchserei der Leute. In allen Geschäften treibt er sich umher, um Waffen, Pelze und japanische Dolche, altes Kostüm, altes Silbergerät und sonstige objets d'art zusammenzusuchen. Wie ein Kavalier ist er gekleidet. Wie eine Märchenfürstin, mit Rubinen und Smaragden, mit Amethysten und Karfunkeln bedeckt, muss Saskia einhergehen, so dass ihre Verwandten ihn einen Verschwender nennen. Zwei Bildnisse besonders geben von diesem „embêter le bourgeois" Kunde. Auf dem Doppelbild des Buckingham Palace, das man früher den Bürgermeister Pancras nannte, sitzt Saskia in goldbrokatenem Mantel neben einem Schmuckkästchen am Spiegel und prüft die Wirkung eines Ohrringes, während er wie eine Kammerjungfer das Kollier ihr reicht. Auf dem bekannten Doppelbildnis der Dresdener Galerie sitzt er mit Saskia auf dem Schosse wie ein Grandseigneur an der Frühstückstafel, im Lederkoller, den Degen an der Seite, wallende Straussenfedern auf dem Hut und erhebt grinsend das Sektglas. Es ist ein Bild üppiger Schlemmerei. „Wein, Weib und Gesang" könnte die Unterschrift lauten. Oder doch nicht? Wie wenig unbefangen der Frohsinn dieser beiden Menschen ist, fühlt man, wenn man ähnliche Werke des Franz Hals vergleicht. Hals war der Maler des Lachens, der Zufriedenheit, des Schlemmens. Der Junker Ramp mit seiner Liebsten, den man im Haarlemer Museum sieht, kostet den Augenblick mit kannibalischer Freude aus. Saskia ist nicht recht à son aise. Die Gemütlichkeit ihres Gatten ist ihr ungemütlich, und Rembrandts breites Lachen —

ist's nicht ein Hohngelächter der Hölle, gewaltsam, grimmig und gallig? Ein Pereat den Philistern! ruft er aus und reckt, dass sie knacken, seine gewaltigen Glieder, bereit, den Tempel des Philisteriums zu zertrümmern.

Rembrandt hatte in diesen Jahren Ähnlichkeit mit Courbet. Der Mann, der die Vendômesäule schleifen liess, nahm gern Athletenstellungen an und liess seinen Biceps spielen, polterte, schimpfte, lief Sturm gegen alles, was als Autorität galt. So heisst es auch von Rembrandt bei Sandrart: „Er scheuete sich nicht, wider unsere Kunstregeln, wider die Perspektive und den Nutzen der antiken Statuen, wider Rafaels Zeichenkunst und vernünftige Ausbildung, auch wider die unserer Profession höchst nötigen Akademieen zu streiten." Wie Courbet fühlt er sich als „Anhänger jeder Revolution". Und dieses Herausfordernde, burschikos Draufgängerische, Autoritäten Verhöhnende ist auch die Note seiner Kunst. Was mag er sich gedacht haben, als er den Ganymed des Dresdener Museums malte? Gewiss, die Barock-Künstler liebten es, die Gestalten der Antike ins Derbe zu ziehen, nachdem die Renaissance sie auf das Postament einer kaltmarmornen Noblesse gestellt hatte. Guido Renis kleiner Bacchus in Dresden benimmt sich gleich unanständig wie der dicke flennende Junge Rembrandts. Aber ist die Art, wie die Rückenpartie sich darbietet, nicht doch etwas anderes als Naturalismus? Spricht nicht der Übermut eines jungen Menschen daraus, der gleich Daumier die „ollen Griechen" verulkt? Rembrandt machte damals seine Flegeljahre, eine Sturm- und Drangzeit von oft recht geschmackloser Wildheit, durch. Selbst wenn er nicht brüskieren will, hat er etwas Bramarbasierendes, Kraftmeierisches, Polterndes. Die Leute schreien, statt zu reden; die Gewänder bauschen sich, die Gesichter verzerren sich zur Grimasse. Der bekannte Caravaggioscherz — helles Licht neben branstiges Dunkel zu setzen —

wird mit fast beleidigender Virtuosität als theatralischer Knalleffekt ausgenutzt. Besonders die Münchener Passion, die er für den Statthalter Friedrich Heinrich schuf, ist für alles das ein wenig erquickliches Zeugnis.

Doch aus Most wird Wein. Auf jedes Gewitter folgt die Ruhe. Die Landschaft, vorher von Wolken durchzogen und von Blitzen durchzuckt, liegt dann in strahlendem Glanze da, vom Licht eines Regenbogens mild übergossen. Diese feine Regenbogenstimmung haben die nächsten Werke des Meisters. Der kämpferische Trotz, die Anrempelstimmung ist vorbei, und aus dem Raufbold, der den Philistern den Fehdehandschuh hinwarf, wird ein ernster Künstler, der, ohne mehr an die Welt sich zu kehren, still seinen Weg geht. Wie muss das Kapitel, das diese Phase seines Schaffens behandelt, überschrieben werden? Welche neue Welt hatte er entdeckt, die ihn die frühere vergessen liess? Ich glaube, nur das Wort „Orientromantik“ trifft das Richtige, wenn man es noch durch den Zusatz „im eigenen Heim“ umgrenzt. Rembrandt kaufte 1639 das Haus, das er seitdem siebzehn Jahre lang bewohnte. Es lag in der Breestraat, mitten im Judenviertel. Salvador Rodriguez, Daniel Pinto und Joseph Belmonte lauteten die exotisch klangvollen Namen seiner Nachbarn. Und in diesem neuen Heim entstanden nun all jene alttestamentlichen Bilder, die durch ihren Anflug von Jüdelei sich so seltsam von den mehr heidnisch gefärbten der Renaissancemeister trennen.

Die Stellung der Juden in Holland war ja sehr eigentümlich. Holland war siegreich aus dem Kampf gegen Spanien hervorgegangen. Der Herr hatte sichtbarlich seine Hand über die kleine Nation gehalten, die von einer Weltmacht bedroht wurde. In ganz gleicher Weise hatte er früher sein auserwähltes Volk beschützt. So glaubte man in den Geschicken der Israeliten die eigenen vorgebildet. Die

Prophezeiungen des Alten Testamentes wurden als Verheissungen dessen gedeutet, was sich in Holland erfüllte. Wie für die Holländer war auch für die Juden das sechzehnte Jahrhundert eine schwere Zeit. 1492, nach der Eroberung von Granada, waren sie aus Spanien verbannt worden. Portugal, wohin sie zunächst sich wandten, folgte bald dem spanischen Beispiel. So suchten sie Asyl in dem Lande, das mit Spanien im Kriege lag. Und das Gefühl der Wahlverwandtschaft, das, durch die Lektüre der prophetischen Bücher des Alten Testaments genährt, die Holländer mit den Juden verband, bewirkte, dass sie eine ebenso gastliche Aufnahme fanden, wie sie etwa in Italien den Griechen bereitet wurde, die nach der Eroberung Konstantinopels dort Schutz suchten. „Es gibt keinen Staat in Europa," schrieb ein gleichzeitiger Schriftsteller, „wo die Juden ruhiger leben als in Holland. Der Handel macht sie reich, und unter dem Schutz der Regierung brauchen sie für die Sicherheit ihres Besitzes nicht zu sorgen." Einige, wie Ephraim Bonus, wurden hervorragende Ärzte, andere standen an der Spitze der grossen überseeischen Unternehmungen.

Rembrandt hat sehr viel in jüdischen Kreisen verkehrt. Mit Ephraim Bonus, dem Arzt, war er eng befreundet. Für ein Buch des Rabbiners Menasseh ben Israel hat er Illustrationen gezeichnet. Mit allen Gebräuchen des jüdischen Kultus war er so vertraut, dass die Ansicht geäussert wurde, er sei selbst Jude gewesen. Wie erklärt sich diese Vorliebe für das Jüdische, die in so vielen seiner Werke sich ausspricht? Was hat ihn zum ersten Schilderer der jüdischen Welt gemacht? Nun, ganz abgesehen von dem philosemitischen Hauch, der überhaupt über Holland wehte, wäre zunächst darauf hinzuweisen, dass er wohl meinte, korrekt zu sein, wenn er die Juden, die er um sich sah, zu Akteuren der alttestamentlichen Geschehnisse machte. Denn nicht erst Horace Vernet und Holman Hunt glaubten ihren biblischen

Bildern dadurch das Cachet der Echtheit zu geben, dass sie die Studien dazu im heiligen Lande anfertigten, schon Erhard Reuwich im fünfzehnten und Jan Scorel im sechzehnten Jahrhundert reisten nach Palästina, um die Welt durch die Genauigkeit ihrer orientalischen Schilderungen zu verblüffen. Rembrandt brauchte nicht hinzureisen, da ihm Amsterdam alles bot.

Doch ein solcher Rationalismus, wie er in den bekannten Jugendwerken Menzels und Liebermanns sich äussert, scheint in Rembrandts Wesen wenig zu passen. Er hat sich sehr gern mit polnischen Typen beschäftigt. Der Edelmann in der Petersburger Eremitage, den man Sobiesky zu nennen pflegte, und der Reiter der Sammlung Tarnowsky, der mit Köcher und Pfeilen bewaffnet auf seinem Schimmel wie ein Mensch der Völkerwanderung dahinzieht, seien als die hauptsächlichsten Beispiele hervorgehoben. Die Polen waren für Rembrandt ein chevalereskes Reitervolk. Dunkle Gedanken an Attila gingen, als er die Bilder malte, durch seinen Kopf. In ähnlicher Weise bedeuteten ihm die Juden das maurische Mittelalter. Der Sohn des jungen Hollands, das noch keine Tradition, noch keine künstlerischen Lebensformen hatte, fühlte sich hingezogen zu diesen Trägern einer uralten Kultur, ganz ebenso wie die Romantiker Delacroix und Decamps für den Orient schwärmten, weil er ihnen eine lebendig gebliebene schöne Vergangenheit war. Und namentlich das Judenviertel bedeutete für Rembrandt eine Welt von Farbe. Sein Auge weidete sich an diesen Menschen, die alle Wunder von „Tausend und eine Nacht“ in die Grauheit des nordischen Alltags trugen. Schon Roger van der Weyden und Dirk Bouts hatten Freude daran, Orientalen mit blitzenden Säbeln und buntschimmernden Turbans in ihren biblischen Bildern anzubringen. Gentile Bellini und Carpaccio malten die braunen Söhne des Morgenlandes, wie sie in exotischer Tracht auf den Fliesen der Piazetta sich bewegten. Ein ebenso farbenleuchtendes Leben wie in der Lagunenstadt wogte in Amsterdam unter Rembrandts Fenstern. Graubärtige Männer sah er mit grünem Turban und tiefblauem Kaftan. Verschleierte Frauen sah er, in schillernde, arabische Gewebe gehüllt, mit goldenen und silbernen Ketten, mit Edelsteinen und Perlen geschmückt. So wurde das Judenviertel für ihn ein lebendiges Museum, sein eigenes Haus ein Stück Orient auf abendländischer Erde. Smyrnateppiche und arabische Rüstungen, japanische Messer und blitzende Toledoklingen, gold- und silberdurchwirkte Frauenkleider, polychrome Säulen und maurische Räuchergefässe füllten das Atelier. Durch Portieren und bunte Fenster schuf er sich geheimnisvolle Haremswinkel, die ein träumerisches Licht durchtönte. Und diese Welt, in der er lebte — mit den Menschen, die in sie gehörten — malte er auch. In zahllosen Bildnissen kehren die Köpfe alter jüdischer Männer wieder: würdig wie Patriarchen, halb Shylock, halb Nathan, die pergamentene Haut bleich wie Alabaster, der Bart in langen, weissen Strähnen auf den goldgestickten Kaftan fallend. In zahllosen anderen erscheinen jüdische Frauen, Wunderblumen des Orients, rassig wie Odalisken, mit den kostbaren Erzeugnissen arabischer Juwelierkunst behängt. Das sind die Gestalten, die auch seine biblischen Bilder bevölkern. Mag die Versöhnung Davids mit Absalom, Tobias mit dem Engel, Hannah und Samuel, der Traum Josephs oder irgend ein anderes alttestamentliches Thema geschildert sein — es handelt sich um Sonnenstrahlen, die in weichem, glitzerndem Glanz auf orientalischen Waffen und Kleidern spielen; es handelt sich um Märchenszenerieen, die er wie Fortuny oder Makart in seiner eigenen Werkstatt sich aufbaute.

Dieses veränderte Milieu ergab selbstverständlich einen ganz anderen Kolorismus. Rembrandt, den man gewöhnlich, ohne viel damit zu sagen, den Meister des Helldunkels nennt, hat eigentlich lange gebraucht, bis er zu einer selbständigen Farbenanschauung gelangte. Vom Stile der italienischen Tenebrosi hatte er den Ausgang genommen. Das Arbeiten mit scharfen Kontrasten von Licht und Schatten entsprach der Stimmung jener Jahre, als er das Derbe und Grelle, pathetisch Ausfahrende liebte. Noch die Verkündigung an die Hirten, die er 1635 radierte, als Saskia sich Mutter fühlte, und die Opferung des Isaak, die er dann malte, als sein erstes Kind starb, zeigten den herkömmlichen Gegensatz von kanalisiertem Licht und undurchsichtigem Dunkel. Erst in seiner neuen Werkstatt kam ihm zum Bewusstsein, dass er bisher weniger das, was er sah, als das, was die Überlieferung ihn sehen lehrte, gemalt hatte. Das Licht, das diese Werkstatt durchwogte, war weder scharf noch grell. Es war ein leises, weiches, harmonisiertes Licht, ein süsser Dämmerschein, aus dem die Farben der Dinge nur in mildem, abgetöntem Glanze aufleuchteten. Diese zarten Modulationen der Farbe versuchte er wiederzugeben. An die Stelle des Forte trat die leise Koloratur, an die Stelle des dramatischen Zusammenplatzens der Gegensätze eine feine luministische Lyrik. Dass diese Lyrik zugleich eine gewisse Haschischstimmung, etwas sinnlich Schmelzendes, träumerisch Wollüstiges hat, entsprach der seelischen Stimmung eines Mannes, der in seinem neuen Heim mit Saskia Stunden eines benebelnden Glückes verlebte.

Von diesen Stunden hat er besonders in den Bildern berichtet, in denen er das Körperchen Saskias, umkost und geküsst vom Lichte, darstellt. In seiner ersten Amsterdamer Zeit hatte er nur plumpe Modelle zur Verfügung, und bei dem furchtbaren Wirklichkeitssinn, der ihn damals beherrschte, gab er alle Deformationen, die Korsett und Strumpfbänder dem Körper aufprägen, die Schnürfurchen des Magens, die zusammengedrückten Rippen, die schlaffen Brüste und die Krampfadern der Beine im Sinne unerbittlichen Aktstudiums wieder.

Jetzt wird Saskia für ihn, was für Rubens Helene Fourment war, und der grausame Naturalist verwandelt sich in einen schwärmerischen Canzoniere, der mit bebender Stimme von jungen, rosigen Brüsten und von schwellenden Schenkeln spricht. „Danae" steht unter einem Bilde der Petersburger Eremitage. Andere glauben, dass eine alttestamentliche Szene, Sara, die den Tobias erwartet, gemeint sei. Doch das tut nichts zur Sache. Das Bild singt nur das hohe Lied des Fleisches. Mit verliebter Zärtlichkeit hat er einen begehrenswerten jungen Menschenleib gemalt, der, von schummerigem Licht wollüstig gestreichelt, sich auf weissem, wie zur Liebe gemachtem Lager ausstreckt. Jene Stimmung, die Sodoma in dem berühmten Werke der Farnesina nur dadurch auszudrücken verstand, dass er eine ganze Welt von Amoretten in Bewegung setzte, wird hier ohne alles kommentierende Beiwerk allein durch die sinnliche, süss verführerische Musik des Lichtes suggeriert. Oder man betrachte das Susannenbild des Haager Museums. Mutet es nicht an wie ein arabisches Märchen? Scheint nicht alles zu raunen von den Geheimnissen der Alhambra? Ein junges Weib hat, als es zu dunkeln beginnt, sich seiner Gewänder entledigt, um in dem Weiher am Schloss zu baden. Das Abendlicht spielt weich auf dem Körperchen und auf dem weissen Hemd, mit dem sie den Schoss sich deckt. Pantöffelchen trägt sie, Kollier und Armbänder. Mit schwüler Sinnlichkeit ist die ganze Atmosphäre geladen.

Wie musste unter dem Zeichen dieses neuen luministischen Ideals die Porträtmalerei Rembrandts sich gestalten? Konnte er überhaupt noch Gefallen daran finden, Interpret der nüchternen Werktagsnatur zu sein? Nun, ein Selbstbildnis in Dresden gibt darauf Antwort. Er hat sich hier dargestellt, wie er mit erhobenem Arm eine Rohrdommel vor sich ausstreckt. Das Licht fällt auf das Gefieder. So ergibt sich ein mild leuchtendes Bukett grünlicher, bräunlicher, gelblicher und rötlicher Töne. Das Gesicht, halb vom Hute beschattet, ist gleichfalls wie in einen rötlichen, grünlichen Dämmerschein getaucht. Das, was er malen will, ist nicht mehr das Licht, das auf harten Dingen, die es zurückwerfen, auf Ketten und Ohrringen gleisst und glitzert, es ist das Licht, das von weichen Dingen, besonders von Vogelgefieder aufgesaugt, nur eine ganz milde, innerlich glühende Helligkeit ausstrahlt. Und von diesem neuen Lichtproblem war er dermassen in Anspruch genommen, dass er jeden zurückwies, der sich nicht von vornherein damit einverstanden erklärte, Sonnenbäder à l'huile zu nehmen. Rembrandts Porträtmalerei, früher so umfangreich, tritt in diesen Jahren also ganz in den Hintergrund. Es sind mehrere Studienköpfe zu verzeichnen. Hier wird oft nur ein mächtiger, kahler Schädel gegeben, auf dem das Licht in weichem Glanze sich sammelt. Oder ein breitkrempiger Hut, eine an die Stirn gelegte Hand bettet einen Teil des Gesichtes in weiche Dämmerung. Oder das Licht, von der einen Seite einfallend, teilt den Kopf in eine mild beleuchtete und eine zart beschattete Fläche. Unter den Werken, die mehr wirklichen Bildnischarakter haben, ist die Dame mit dem Fächer im Buckingham Palace, ferner der Herr mit dem Falken und die reichgekleidete Dame beim Duke of Westminster hervorzuheben. Doch auch hier hat es sich kaum um Aufträge, eher um Porträte befreundeter Personen gehandelt, die er zu malen Lust hatte, und die ihrerseits bereit waren, auf seine rein künstlerischen Absichten einzugehen. Soll ein Bildnis eine träumerische Stimmung haben, so dürfen keine allzu charakteristischen Züge das Auge beschäftigen. Rembrandt wählt also nur Köpfe von weichen, unausgesprochenen Formen, Köpfe, die in der Passkarte das Vermerk „Kennzeichen: ohne“ erhalten würden. Den Ausdruck, früher von fast grotesker Lebendigkeit, dämpft er bis zu apathischem Sinnen ab. Zugleich schiebt er die Gestalten, die früher dem Beschauer so scharf zu Leibe gingen, jetzt, um ihnen die materielle Schwere zu nehmen, weit mehr in den Hintergrund. Und wie die Gesichter, dürfen selbstverständlich auch die Kleider keinen besonderen Akzent mehr haben. Alle bunten Einzelheiten der Toilette — früher so wollüstig gemalt — sind nur noch Nuancen desselben Grundtons. Die Dame des Buckingham Palace mutet demnach an wie eine in den Rembrandt-Stil übersetzte Bella der Venezianischen Schule. Rembrandt selbst hat — wie früher bei Saskia — die Toilette bestimmt, doch im Gegensatz zu früher das Licht so durchgesiebt, dass keine Farbe mehr einen bestimmten Klang hat, sondern alle in einem unbestimmten Tonmeer sich baden. Die en face-Stellung soll bezwecken, dass keine scharfen Linien, nur weiche Formen sich zeigen. Sein Selbstporträt in der Londoner Nationalgalerie zeigt die gleichen Tendenzen. Der sonst so plebejische Rembrandt wirkt hier sehr distinguiert. Die Dreiviertelansicht cachiert die plumpe Nase. Gleichgültig vornehm ist der Blick. Die Balustrade, auf die er sich stützt, dient ihm dazu, jene Entfernung vom Betrachter herzustellen, die es ihm ermöglicht, alle Einzelheiten des Kostüms nur als undeutliche Valeurs in einem allgemeinen, schönen Goldton zu geben. Das Porträt des Predigers Ansloo hat er gleichfalls nur geschaffen, um das Dunkelrot einer Tischdecke, das Bräunlichgrau einer Wand, das Schwarz von Kleidern und den warmen Fleischton zweier Menschenköpfe auf einen vornehm milden Akkord zu stimmen. Kurz, trotz der Bildnisse, die er malte, war Rembrandt in jenen Jahren eigentlich nicht mehr Porträtmaler. Denn er nahm den Menschen ihr Eigenleben. Nicht Wahrheit, sondern Schönheit war sein Ziel. Sein Glaubensbekenntnis mag sich mit den Worten Patersons gedeckt haben: „Ein Bild ist kein Fetzen Natur. Formen, Töne und Farben müssen wohltuend auf das gebildete Auge wirken, und nur soweit die Natur dem Künstler solche Elemente an die Hand gibt, kann und darf er ihr folgen.“ Gewiss — ein sehr künstlerisches Credo. Doch für die Welt zu artistisch. Man ahnt, dass zwischen dem, der es verkündete und denen, die es annehmen sollten, Konflikte allerschärfster Art sich ergeben mussten.

Rembrandt erhielt den Auftrag, für die Kloveniersdoele in Amsterdam ein grosses Schützenstück zu malen. Solche Bilder kamen so zustande, wie heute die photographischen Gruppenbilder von Reservisten, Studentenverbindungen und Turnervereinen. Das heisst, jeder zahlte seine Quote. Und wie die Herren Schützen bei ihren Banketten darauf sahen, dass die eigene Portion nicht etwa kleiner als die des Nebenmannes war, wollte natürlich auch bei den Schützenstücken keiner zu kurz kommen. Jeder wollte von vorn gesehen sein, jeder verlangte, dass, wenn die Hand seines Kameraden gemalt wurde, auch seine eigene ins Bild kam. So erklärt sich der Photographiestil der ältesten Schützenstücke. Ein paar Dutzend Köpfe, in zwei Reihen übereinander, glotzen stumpfsinnig den Betrachter an. Noch einmal so viele Hände sind gänzlich sinnlos erhoben. Und dieses Prinzip — „gleiches Recht für alle“ — blieb auch noch massgebend, als an die Stelle der Brustbilder ganze Figuren traten. Thomas de Keyser wählte die Paradeaufstellung. Das heisst, er stellte die Schützen neben dem Hauptmann und dem Fähnrich derart symmetrisch auf, dass jeder das Vergnügen hatte, seine werte Person samt der dazu gehörigen Uniform so exakt faksimiliert zu sehen, als hätte es sich um Reklamebilder eines Militärschneiders gehandelt. Gegen dieses Schema rebellierten dann die folgenden. Es war doch langweilig, immer und immer wieder Menschen zu malen, die unbeweglich wie kostümierte Wachspuppen in Reih und Glied standen. Es sollten sich Gruppen bilden; Profilköpfe sollten das öde Einerlei der Frontalstellung unterbrechen. Der Wechsel von sitzenden und stehenden Figuren sollte die Möglichkeit weniger steifer

Anordnung geben. So setzte man an die Stelle des „Stillgestanden“ das „Rührt euch“. Die Schützen werden dargestellt, wie sie vor ihrem Exerzierhaus zum Ausmarsch antreten, oder wie sie essend und pokulierend an der Tafel zusammensitzen. Einer zerlegt einen Schinken, ein zweiter trinkt, ein dritter spricht mit seinem Nachbar, ein vierter tritt grüssend an die beiden heran. Namentlich Franz Hals hat durch den Wechsel solcher kleinen Motive in seine Bilder ein fast dramatisches Leben zu bringen gewusst. Doch was sehr zu betonen ist: auch er hat niemals vergessen, dass er Bildnisse zu malen hatte. Die Erkennbarkeit und Porträtähnlichkeit jedes einzelnen blieb nach wie vor die conditio sine qua non. Wie bei den älteren Werken sind auch bei denen des Franz Hals jeder einzelnen Figur — an der Schärpe oder sonstwo — Nummern aufgeschrieben. Sie verweisen auf die Namen, die auf einer Tafel unterhalb des Bildnisses verzeichnet sind. Hals hat in seinen Einzelbildnissen die Leute bald sitzend, bald stehend, bald von vorn oder von der Seite, bald ernst oder lachend gemalt. Und grössere Freiheiten wie in diesen Einzelporträten hat er auch in seinen Schützenstücken sich nicht gestattet. Nie dachte er daran, seinen Bildern viel räumliche Tiefe zu geben. Denn nur das Festhalten an einer friesartigen Komposition erlaubte die Figuren so anzuordnen, dass alle gleichmässig sichtbar blieben. Noch weniger dachte er daran, in der Beleuchtung irgendwie vom Natürlichen abzuweichen. Ein grauer Ton, das gewöhnliche Tageslicht ist gleichmässig über die Gesichter und Federhüte, die Lederkoller und Schärpen gebreitet, zwar das einzelne harmonisierend, aber nichts bis zur Undeutlichkeit verdunkelnd.

Wie nahm nun Rembrandt zu diesem Thema Stellung? Wie fand er sich ab mit einem Auftrag, der ihn, obwohl er ihn annahm, doch im Grunde anöden musste, da die künstlerischen Ziele, die er in jenen

Jahren verfolgte, in ganz anderer Richtung lagen? Nun, die Bezeichnung „Nachtwache“, die dem Bilde gegeben wird, ist zwar falsch, aber doch nicht grundlos. Man sieht, wenn man im Amsterdamer Reichsmuseum vor das Gemälde tritt, zunächst nichts als ein dunkles Chaos. Aus dieser Dunkelheit lösen sich allmählich einzelne undeutliche Gestalten los. Man erkennt Soldaten, die durch einen Tunnel, einen gewölbten Durchgang, eilig daherkommen. Die beiden vordersten — Hauptmann und Leutnant — sind schon ins Licht getreten. Sie leuchten hochrot und gelb wie überheizte, glühende Öfen. Die andern bewegen sich noch im Dunklen. Nur ganz andeutungsweise sind ihre Köpfe und Körper gegeben. Doch nein! Auch im Mittelgrund zieht eine hellbeleuchtete Person die Aufmerksamkeit auf sich. Es ist ein Kind, ein kleines Mädchen, das sich mitten unter den Schützen herumtreibt. Was soll dieses kleine Mädchen? Was bedeutet der Hahn, der an ihrem Gürtel befestigt ist? Ist es der Schützenpreis? Soll er — coq heisst der Hahn — auf den Namen des Hauptmanns Franz Banning-Cock hinweisen? Nein — Rembrandt hat sicher nicht an solche Beziehungen gedacht. Als Vision von Hell und Dunkel hatte sich das Bild in seinem Kopfe geformt. Er brauchte für den Mittelgrund einen Lichtfleck, der doch einen gewissen Umfang nicht überschritt. So wies er, ohne an eine sachliche Motivierung zu denken, dem kleinen Mädchen die Rolle dieses Leuchtkäfers zu. Und der Hahn, dessen buntes Gefieder so sprüht und flimmert, hat keine andere Funktion als die Rohrdommel, die er auf dem Dresdener Selbstporträt hält. Was wollen überhaupt diese Männer? Eilen sie plötzlich alarmiert zur Verteidigung ihrer Stadt herbei, da der Spanier vor den Toren lagert? Oder ist es lediglich eine Wachtparade, die allerdings recht disziplinlos sich abspielt? „Kommt nur die Musik“ wie in Liliencrons Versen? Man tut gut, eine literarische Deutung des Bildes gar nicht zu versuchen. Alle Werke, die er seit dem Ende der dreissiger Jahre schuf, waren Tonsymphonieen. Aus weichem Halbdunkel sollten zarte, vom Licht fein nuancierte Farben auftauchen. Etwas anderes wollte er auch nicht geben, als er die Nachtwache malte. Und mit welcher Meisterschaft er diese Aufgabe, die er sich selbst gestellt hatte, löste, das lässt sich mit Worten gar nicht schildern. Man sehe das milde Licht, das auf dem bunten Tuch und den seidenen Schärpen, auf den Rüstungsstücken und den wallenden Federn spielt. Man sehe, mit welch unglaublicher maëstria er alle Farbennuancen klingen und singen lässt: vom leuchtendsten Rot und Gelb bis zum tiefsten Schwarz. Rein als Kunstwerk betrachtet ist das Bild eins der herrlichsten, die unsere Erde trägt.

Aber — die Frage drängt sich auf — ist es als Schützenstück nicht das Werk eines Manieristen? Als Manieristen bezeichnet man einen Künstler, der ein Thema, das er zu behandeln hat, dermassen vergewaltigt, das das Wie nicht zu dem Was, die Gestaltung nicht zum gegebenen Inhalt stimmt. In diesem Sinne Manierist war zum Beispiel Rafael, als er den Burgbrand malte. Ein mittelalterliches Thema — wie durch das Kreuzeszeichen, das ein Papst macht, eine Feuersbrunst gelöscht wird — war zu schildern. Statt dessen tat er nichts anderes, als ein paar schön bewegte, antike Statuen aneinander zu reihen. Das war das Ergebnis der plastischen Idiosynkrasie, die ihn in jenen Jahren beherrschte. Und war in ganz ähnlicher Weise nicht für Rembrandt das Helldunkelproblem zur Manie geworden? War es nicht willkürlich, dass er alle Themen, nur weil er das schummerige Halbdunkel seiner Werkstatt liebte, in die Dämmerung, in halbdunkle Nacht verlegte? Man denke an ein Werk, das in den gleichen Jahren entstand: an die „Übergabe von Breda“. Da sieht man, was der Unterschied zwischen Manier und Natürlichkeit ist. Velasquez hat unter strengstem

Anschluss an die Wirklichkeit ein Bild geschaffen, das als Kunstwerk ebenso hoch wie die Nachtwache steht. Die Nachtwache ist lediglich ein Kunstwerk. Der Einklang zwischen Stoff und Stil fehlt ihr. Ein ganz alltäglicher Vorgang ist in mystisches Dämmerlicht getaucht. Denn das Tunnelmotiv, wodurch das Helldunkel begründet werden soll, ergab sich doch nicht ungezwungen aus dem Thema. Rembrandt hat es lediglich gewählt, um einer Farbenharmonie, die a priori in seinem Kopfe feststand, den Schein der Berechtigung zu geben. Summa — man kann sich nicht helfen: das grosse Schützenstück des verschrieenen van der Helst, das im Reichsmuseum gegenüber der Nachtwache hängt, ist als Kunstwerk zwar minderwertig, aber als Schützenstück besser.

Und wenn wir Menschen von heute solche Einwände machen, wie mussten erst die ehrsamen Schützen, die ihm damals den Auftrag gaben, entsetzt sein! Wenn es zum Prozess zwischen Künstler und Bestellern gekommen wäre, so wäre die Rechtsfrage eine sehr verwickelte gewesen. Gewiss — die Schützen hatten unrecht. Sie wussten, dass der Rembrandt, an den sie sich wendeten, nicht mehr der nämliche war, der einige Jahre vorher die Anatomie des Doktor Tulp gemalt hatte. Sein neuer Stil war bekannt. Und man bestellt kein Bild bei Lenbach, wenn man ein solches von Anton von Werner wünscht. Anderseits war Rembrandt im Unrecht, indem er den Auftrag annahm und ihn den braven Herren dann wie ein Taschenspieler einfach unter der Nase hinwegeskamotierte. Jeder der siebzehn Schützen bezahlte doch pro Kopf hundert Gulden. War es da nicht unerhört, dass er nur zwei — den Hauptmann und den Leutnant — wie einen Papagei und einen Kanarienvogel gekleidet — als Solisten in bengalischer Beleuchtung vor die Rampe stellte? Dass er ganz eigenmächtig Leute, die gar nicht bezahlt hatten, in die Handlung einführte und dafür die andern fünfzehn Zahler wie dumme, gleichgültige Statisten in eine dunkle Wolfsschlucht verwies? Das gemalte Personalverzeichnis des Schützenvereins hatte man haben wollen. Und Rembrandt verfuhr so, wie wenn ein Reporter, den eine Zeitung auf den Kriegsschauplatz geschickt, sich, statt den Bericht zu schreiben, ans Klavier setzen und geistvoll über Schlachtengebraus phantasieren wollte. Den biederen Bürgern, die mit ihrer Uniform renommieren wollten, antwortete er mit den Worten Whistlers: „Wenn der Abendduft die Dinge mild umschliesst, wenn Geisterland sich vor dem Auge auftut, da versteht der Philister nicht mehr, weil er aufhört, genau zu sehen. Doch dem Künstler weiht, nun in Tönen redend, die Schöpfung ihr schönstes Lied. Aus dem Zusammenklang feiner, farbiger Massen schöpft er die Anregung für seine Harmonieen, so wie der Musiker Noten eint und Akkorde bildet.“ Kurz — die Nachtwache, das grösste malerische Meisterwerk, das er bis dahin geschaffen hatte, war für ihn eigentlich ein Fiasko.

Der Punkt war erreicht, wohin der Weg, den er seit Jahren gegangen war, logisch und notwendig führte. Der Mann, der anfangs in Amsterdam nichts Höheres gekannt hatte, als ein geschätzter Porträtist zu sein, hatte seine Beziehungen zum Publikum immer mehr gelockert. Jetzt war es das Publikum, das sie endgültig löste. Keine Schützengilde dachte mehr daran, sich an Rembrandt zu wenden. Govaert Flinck, van der Helst und viele andere lieferten das, was gewünscht wurde, weit besser. Und Rembrandt grämte sich nicht. Eine Allegorie, die er damals radierte, bringt vielleicht zum Ausdruck, was er im stillen über die Sache dachte. Der Publikumsmaler ist gestürzt. Aber der Künstler Rembrandt, aller Fesseln ledig, kann sich desto freier erheben. Keinen drückenden Zwang, keine Kompromisse mit der Aussenwelt gibt es mehr. Nur noch dem, was sein Genius ihm gebietet, gibt er Ausdruck.

Freilich noch in anderer Weise wurde das Jahr 1642 für ihn verhängnisvoll. Kurz vorher hatte Saskia ihm ein Kind geschenkt, und in der Zeit des Hoffens hatte er das Dresdener Bild gemalt, wie Manoah und sein Weib dankbar vor dem Opferaltar knieen, dem Engel nachblickend, der die Geburt Simsons ihnen kündete. Saskia starb im Wochenbett. Rembrandt war allein. Was muss das bedeutet haben für einen Mann, der im Grunde nichts weniger war als der rauhe Pyrrhus, den er zuweilen zur Schau trug? Der schon als junger Mensch in Leyden so rührend Familie simpelte und dann in Amsterdam mit seinem Weib wie ein verliebter Phäak dahinlebte. Saskia — seine Liebesgöttin, die Seele seiner Häuslichkeit — war nicht mehr. Er hörte nicht mehr ihr Lachen. Kalt wie ein Leichentuch starrte ihm das Linnen entgegen, auf dem Danae ihr wollustatmendes Körperchen ausstreckte. In einer Federzeichnung der Sammlung Heseltine hat er wie zum Hohne sich dargestellt als Witwer, wie er mit der Milchschüssel auf dem Schoss ein kleines Kind füttert. Und aus diesen beiden Ereignissen — dem Bruch seiner Beziehungen zum Publikum und dem Tod seiner Gattin — erklärt sich die Wendung, die seine Kunst nun nahm.

Die Natur ist eine grosse Trösterin. Man kann viel Leid vergessen, wenn man einsam und in sich gekehrt durch die Fluren wandert.

> „Quand tout change pour toi, la nature est la même,
> Et le même soleil se lève sur tes jours.“

So ist es gewiss kein Zufall, dass nach Saskias Tode die lange Reihe der landschaftlichen Zeichnungen Rembrandts beginnt. Gewiss — auch schon vorher hat er Landschaften von wunderbarer Schönheit gemalt. Man verfolgt, wie er als Landschafter ganz die nämlichen Stilphasen durchmacht, die man aus den Figurenbildern kennt. Anfangs, als er die Barockeffekte liebte, sprach er auch als Landschafter fortissimo. Die Natur muss imposant sein. Stolze Brückenwölbungen müssen mächtige Talschluchten überspannen. Türme und Ruinen müssen die Gipfel steiler Berge krönen. Und mit dieser heroischen Natur kämpfen die Elemente. Flüsse stürzen sich schäumend in die Tiefe. Schwarze Wolken verdunkeln drohend den Himmel. Nur aus einer Stelle, die sie freilassen, zuckt ein scharfes Licht, grellen Glanz über Bäume und Felsen breitend. Man denkt an die Pathetik Salvator Rosas, wenn man die Gewitterlandschaften des Braunschweiger und Krakauer Museums sieht. Dann war die Zeit gefolgt, als er in seinen biblischen Bildern einen farbenleuchtenden, phantastischen Orient beschwor. Zu diesen orientalischen Gestalten konnten selbstverständlich auch nur tropisch üppige Landschaften passen. Ein exotischer Wohlgeruch musste entgegenströmen. Palmen mussten leise nickend ihre Wedel bewegen. Und es ist erstaunlich, mit wie sicherem Instinkt Rembrandt den schwül-sinnlichen Charakter des Orients traf. Es ist, als habe ihn ein Zaubermantel nach Granada oder Bagdad getragen. Man denkt an Böcklin, der aus dem Gefühl heraus Pflanzen, die er nie gesehen hatte, so richtig malte, dass Botaniker die Spezies bestimmten. Doch immerhin — Rembrandts Natur war ein Traumland. Er stand in seinem Atelier wie in einem Treibhaus und baute aus maurischen Tempeln, seltsamen Wunderblumen und mysteriösen Grotten phantastische Feenarchitekturen auf. Die Verlassenheit, in der er seit Saskias Tode lebte, führte ihn aus seinem Hause in der Breestraat in die holländische Natur hinaus. Und klopfenden Herzens, staunend wie damals, als er in Leyden unter der Windmühle seines Vaters träumte, stand er wieder der grossen Allmutter gegenüber. Holland ist kein Land mit majestätischen Linien und pittoresken Effekten. Soweit das Auge reicht, sieht man nur eintönige Ebenen. Ein Heuschober, eine strohgedeckte Hütte, eine verwitterte Windmühle bringen die einzige Abwechslung in die grosse Monotonie. Langsam und träge gleiten die Segelboote dahin. Träge und phlegmatisch liegen die Rinder im Grase. Nur am Himmel lebt und bewegt sich alles. Man fühlt, wie die Wolken herankommen — fühlt, wie der Seewind über den Boden streicht. Diese Sprache der holländischen Flachnatur, die so grandios in ihrer Leere ist, und über der eine so grosse Luft weht, verstanden die holländischen Landschafter des siebzehnten Jahrhunderts noch nicht. Man braucht nicht von denen zu sprechen, die, wie Everdingen und Both in Norwegen und Italien malerische Motive suchten. Selbst diejenigen, die in der Heimat blieben, wie Goyen und Ruysdael, geben nicht das, was man fühlt, wenn der Blick, durch kein Hindernis beengt, träumend ins Grenzenlose schweift. Entweder die Landschaft ist ihnen Szenerie. Da behalten ihre Bilder einen Rest der prosaischen Vedute. Oder sie ist ihnen état d'âme. Da häufen sie und schieben zusammen, glauben nur durch Addieren von Einzelheiten die ihnen vorschwebende Stimmung verdeutlichen zu können. Die am Interieurbild grossgezogene Farbenanschauung trägt weiter dazu bei, dass der Eindruck des Bildes nicht mit dem der Natur sich deckt.

Rembrandt als Radierer entdeckte Holland für die Kunst. Er, der in seiner „Nachtwache" so eigenmächtig mit den Figuren geschaltet hatte, ordnete als Landschafter vollkommen dem Objekte sich unter, bot seine ganze Willenskraft auf, die Natur ohne vorgefasste Interpretation sich selbst manifestieren zu lassen. In der berühmten Landschaft mit den drei Bäumen war er noch ein wenig Pathetiker. Wie auf der Mensur scheinen die drei gewaltigen Riesen zu stehen, die ihre knorrigen Äste so kampfbereit dem Sturme entgegenrecken. Doch später werden die Motive immer einfacher. Ein kleiner Steg, ein Stück verkrüppeltes Buschwerk, ein einsames ländliches Gehöft, ein schmaler

Feldweg, der sich unmerklich am Horizonte verliert: das genügt, um ihn anzuziehen. Nichts ist verändert und zurechtgestellt. Alles ist effektlos und schlicht. Nur in der Art, wie er ausschneidet, liegt so viel Kühnheit, in der Art, wie er das Wesentliche akzentuiert und das Gleichgültige ausmerzt, so viel Grösse, dass diese unscheinbaren Blätter schon dadurch zu ganz erstaunlichen Dokumenten intensivsten Naturfühlens werden. Was er auch angreift: er zieht die Seele aus der Landschaft heraus und bringt sie auf die Kupferplatte, noch zuckenden Lebens voll. Kein Strich mehr — alles ist ausgedrückt. Ein Raumgefühl, das wie von selbst alles ordnet, gibt jene Illusion des Unendlichen, die sonst nur die besten japanischen Zeichnungen wecken.

In seinen Figurenbildern klingt die Erinnerung an Saskia aus. Für Dante Gabriel Rossetti wurde Elisabeth Siddal nach ihrem Tode die Traumgöttin, die sein ganzes Denken beherrschte. So hat auch Rembrandt noch oft den Kopf seines jungen Weibes gemalt. Besonders schön ist das Berliner Porträt, auf dem sie so feierlich in verklärter Ruhe uns anblickt. Auch bei andern Bildern glaubt man die Gedanken nachzufühlen, die bei der Stoffwahl ihn leiteten. Des eigenen Familienglückes beraubt, malt er mit fast tränenschimmernder Wehmut immer und immer wieder die heilige Familie: Maria, die in traulicher Stube an der Wiege ihres Kindes sitzt. Und namentlich das Hereinragen des Übersinnlichen in die irdische Welt beschäftigt ihn: das Traumleben mit seinen Ahnungen und Visionen; das geheimnisvolle Wiedererwachen solcher, deren Auge schon den Tod gesehen. Er zeichnet Lazarus, der aus dem Grabe steigt; malt Christus, wie er als Geist den Jüngern in Emmaus erscheint.

Damit ist die Wandlung, die Rembrandts Bibelmalerei durchmachte, überhaupt gekennzeichnet. Vorher war ihm die Bibel ein orientalisches Märchenbuch. Die exotische Novellistik des Alten Testaments zog ihn an, weil sie ihm ermöglichte, buntleuchtende Kostüme und glitzerndes Gerät, das ganze bric-à-brac maurischen Kunstgewerbes mit farbenseligem Pinsel zu malen. Aus diesem Maler des schönen Scheins wurde jetzt der Maler der Seele. Die sinnlich magischen Lichtspiele seines Heims lockten und fesselten ihn nicht mehr. Denn dieses Heim war verödet. Die schillernden Stoffe waren tot, seitdem sie nicht mehr das Körperchen Saskias schmückten. Aber ist die Bibel nur ein Märchenbuch? Musste Rembrandt, wenn er nach alter Gewohnheit nach dem Buche griff, jetzt, als einsamer Cölibatär, nicht ganz andere Dinge als früher darin finden? Der psychische Gehalt der Legenden, das schmerzvoll Tröstende, das sie haben, zog ihn an. So wurde er vom Alten Testament jetzt mehr auf das Neue gelenkt. Christus, der gütige und milde, mitleidvoll Helfende trat immer mehr in den Mittelpunkt seines Denkens.

Schon vorher hatte er ja Szenen aus dem Neuen Testament gemalt. Doch es waren die nämlichen Stoffe, die das Repertoire der katholischen Malerei beherrschten, und er behandelte sie auch in dem Stil, den man aus den Werken der andern Barockmaler kennt. Die Bilder des Passionszyklus, den er für den Statthalter schuf, erinnern in ihrer wilden Bewegung an Rubens. Und noch in der Radierung der Auferweckung des Lazarus ist die Gebärde des Heilands so heroisch, dass man an Tintoretto oder Caravaggio denkt. Musste er diesen Heroismus, der im Grunde so wenig persönlich war wie seine Farbenanschauung jener Jahre, nicht bald als etwas äusserlich Angenommenes, als einen fremden Tropfen in seinem Blute empfinden? Denn die Gebärdensprache wechselt mit den Generationen. Sie ist auch verschieden, je nach dem Temperament der Völker. Der Italiener, wie Goethe sagt, spricht mit den Händen. Der Deutsche, wie Bismarck sagte, wird nur pathetisch, wenn er lügt. Bisher war die italienische

Kunst so tonangebend, dass die nordischen Künstler ihren Gestalten auch die Gesten südlicher Menschen gaben. Sie mussten sich so würdevoll benehmen, wie die Apostel der Rafaelschen Teppiche oder so ekstatisch, wie die Märtyrer Guido Renis. Rembrandt, als Schüler Lastmans, der von Caravaggio herkam, hatte gleichfalls im Bann dieser südlichen Rhetorik gestanden. Aber wir machen doch nicht jene breiten majestätischen, ausfahrend wilden Gesten. Wir sind still, während es in uns rumort und kämpft. Also musste die nordische Kunst, sofern sie von äusserlicher Nachahmung zur Echtheit gelangen wollte, lernen, auch ohne Armbewegungen und Posen seelische Regungen auszudrücken. Dass Rembrandt das Problem erfasst hatte, zeigen besonders die beiden Zeichnungen, die er nach dem Abendmahl Leonardos anfertigte. Auf den ersten Blick Kopien, doch bei näherem Zusehen ein Protest. Wenn bei Leonardo Schrecken, Entrüstung, Wissbegierde, Schmerz sich in zwölf Köpfen und vierundzwanzig Händen in immer neuer Erregung spiegeln, so sind bei Rembrandt alle Glieder der Jünger wie gelähmt. Es schiene ihnen Entweihung, die feierlich-lastende Stille durch laute Meinungsäusserungen und heftige Handbewegungen zu unterbrechen. Das von Südländern so lebhaft gespielte Drama ist in der Rembrandtschen Redaktion zu einem schlichten, lyrischen Gedicht über die Wehmut einer Abschiedsstunde geworden. Stille Innerlichkeit ist an die Stelle rhetorischen Schwunges getreten.

Und nun betrachte man daraufhin alle Rembrandtschen Bilder dieser Jahre. Man wird da erkennen, dass sie ein ganz neues Kapitel in der Geschichte der Bibelmalerei eröffnen. Zum Teil erklärt sich der Unterschied von den früheren Werken schon aus der veränderten Aufgabe. Die italienischen Bilder wurden für Kirchen gemalt. Das gab ihnen von Anfang an ihre dekorativ-repräsentierende Note. Gott muss wie ein König die Gläubigen mit blendend-höfischem Prunk in seinem Hause empfangen. Selbst wenn es sich um intime Szenen, um Leiden und aufopfernde Liebe handelt, vergessen die Heiligen und Märtyrer doch nie, dass sie in der Öffentlichkeit sich bewegen, und dass die Gemeinde sie sieht. Die calvinistische Kirche Hollands duldete Altarbilder nicht. Wenn Rembrandt immer und immer wieder zu biblischen Themen griff, so tat er es also eigentlich pour le roi de Prusse. Er malte seine Bilder nur deshalb, weil der poetische Stimmungsgehalt mancher neutestamentlichen Szenen ihn persönlich reizte, ihm das passendste Substrat für die stillen, seelischen Dinge schien, die er nun aussprechen wollte, nachdem er des rein sinnlichen Farbenschimmers müde geworden. Daraus ergab sich die Stoffwahl. Das Pomphafte fehlt bei Rembrandt ebenso wie das Krasse. Abgesehen von einer Blendung Simsons, die er in seiner Jugend malte, griff er niemals zu den blutrünstigen Stoffen — dem bethlehemitischen Kindermord und dergleichen — in denen sonst die Barockmaler schwelgten. Sein Feld ist das Verhaltene und Zarte, Schlichte und Ruhige. Er malt die Hirten, die in scheuer Verehrung dem göttlichen Kinde nahen, malt Christus als Kinderfreund, wie er die Kleinen segnet, zeichnet Gichtbrüchige, Blinde und Lahme, die hilfesuchend sich an den Heiland drängen.

Man kann ja Werke wie dieses „Hundertguldenblatt“ mit geteilten Empfindungen betrachten. Einen Geist wie den Rembrandts denkt man sich so frei und so gross, dass man es gern sähe, wenn er statt von Wunderheilungen und hilfloser Impotenz, statt von einem schwachen, bresthaften Menschengeschlecht, das im Glauben Trost findet, von einem stolzen, starken, das sich selber zu helfen sucht, berichtet hätte. Denn schliesslich war die Renaissance doch vorausgegangen. Der Losbewegung vom Christentum gehörte trotz aller kirchlichen Reaktionen die Zukunft. Und da wäre es sehr pikant, wenn der freieste Künstler, den das siebzehnte Jahrhundert gebar, auch auf diesem Gebiete schon der modernste, ein Antichrist, ein Vorläufer Nietzsches gewesen wäre. Doch das sind Dinge, die nicht hierhergehören. Selbst derjenige, dem das „Was“, die Weltanschauung der neutestamentlichen Werke Rembrandts, nicht angenehm ist, muss das „Wie“, die künstlerische Gestaltung, bewundern. Millet schrieb einmal: „Schön ist nur die Schönheit der Seele. Wenn ich eine Mutter male, will ich sie schön machen, allein durch den Blick, mit dem sie ihr Kind betrachtet.“ Und in dieser wunderbaren Meisterschaft, die zartesten Seelenregungen ohne jedes Hilfsmittel stereotyper Mimik und konventioneller Gebärdensprache auszudrücken, ist Rembrandt von keinem späteren erreicht worden. Man sehe wie täppisch-zutraulich und schüchtern-verlegen auf dem Bilde „Lasset die Kindlein zu mir kommen“ die Kleinen dem fremden Manne die Hand geben. Man sehe auf dem „Hundertguldenblatt“ all diese Hände, die eine ganze Geschichte von Not und Mühsal erzählen; all diese Blicke, in denen Warten, Lauschen, Hoffen in immer neuen Nuancen sich spiegelt. Man sehe diesen Christus, der weder schön noch heroisch ist, und von dem gleichwohl oder gerade deshalb ein so unsagbares Etwas von Milde und Güte, von Kraft und überirdischer Hoheit ausströmt. Man beachte namentlich, dass kein Künstler vorher derart den Modellbeigeschmack von seinen Gestalten fernhielt. Rembrandt hatte seit seiner Jugend so viel nach dem Modell gearbeitet, hatte in seinen Radierungen so viel Bettler und Krüppel gezeichnet, an seinem eigenen Kopf alle Schattierungen des Ausdruckes so von Grund auf studiert, dass er nun mühelos das, was er sagen wollte, ganz rein, ohne das Modellmässige, das der Naturstudie immer anhaftet, zu geben wusste. Wenn man diese schlichten, einfachen Menschen sieht, die so ganz in dem Vorgang aufgehen, ohne um irgend wen, der sie sehen könnte, sich zu kümmern, dann möchte man sagen: alle Italiener, selbst die grössten, hätten nur posierende Statisten gemalt.

Dem melancholischen Grundcharakter der Bilder entspricht der melancholische Farbenklang. Aus dem Tenebroso, der die schrillen Gegensätze von beleuchteten und von dunklen Flächen liebte, war Rembrandt der vornehme Luminist geworden, der aus weichem, mildem Dämmerschein Farben aufflackern und leise verlöschen liess: sonnigsinnliche, träumerisch-wollüstige Farben, die das Auge schmeichlerisch umkosen. Jetzt kosen sie nicht mehr. Nur ganz diskret, gleichsam spiritualisiert verweben sie sich mit dem Stimmungsgehalt des Themas. Ist die heilige Familie gemalt, so brennt im Ofen das Feuer in gedämpftem, behaglichem Surren. Nahen die Hirten scheu dem Kinde, so hat auch das Licht der Laternen etwas Zaghaftes, Zauderndes. Man sieht keine Bilder mehr, keine schönen Farben. Man fühlt nur, dass leise etwas in der Seele zu schwingen beginnt, glaubt Melodieen zu hören, die fragend die Nacht durchzittern. Sie haben etwas seltsam Schwermütiges — diese matten, bläulich-grünen Lichter, die so trübe durch das Dunkel huschen.

Freilich, eine Natur wie die Rembrandts ist viel zu kompliziert, als dass man ausschliesslich den Melancholiker in ihm suchen dürfte. Er zählte bei Saskias Tode sechsunddreissig Jahre. Er war, wie manche seiner Selbstbildnisse zeigen, ein derber, kraftvoller, roher Patron. So darf es nicht wundernehmen, wenn man aus seinem Leben Dinge hört, die zur Trauer um Saskia wenig stimmen. Unmittelbar nach dem Tode seiner Frau hatte er ein Verhältnis mit Geertje, der Amme des kleinen Titus. In einem Anflug jener diabolischen Stimmung, die uns aus dem Trauerhaus ins Freudenhaus treibt, schenkte er ihr Schmucksachen, Diamanten und Perlen, die soeben noch Saskia trug. Und auch seine Werke verraten zur Genüge, dass noch immer das

Weib, die rein fleischliche Begierde sein Denken beherrschte. Besonders das Berliner Susannenbild von 1647 gibt davon Zeugnis. Wie auf dem Haager von 1637 sieht man wieder das Schloss mit dem abendlichen Weiher. Wie auf dem Haager Bild hat ein kleines Weib sich ihres Gewandes entledigt. Doch auf dem älteren Werk küsst nur das Licht in weicher, träumerischer Sinnlichkeit den nackten Körper. Hier herrscht Lustmordsstimmung. Der eine der beiden Alten — dick aufgeschwemmt — blickt mit geil zwinkerndem Auge auf die Badende hin. Der andere — bleich bebend, zur Gewaltsamkeit bereit — gleicht einem Raubtier, das den Moment abwartet, sich auf seine Beute zu stürzen. Wieder bei anderen Werken scheint es, Rembrandt hätte die Begierde zum Weibe besiegen wollen, indem er sein Auge zwang, nur das Abstossende, Degoutierende zu sehen. Gersaint, Watteaus Freund, meinte, die Betrachtung solcher Rembrandtscher Akte sei eine wahre Kur gegen die Liebe. Und in der Tat — sie sind fürchterlich, diese Weiber mit dem dicken, faltigen Leib, den ausgearbeiteten, männlichen Schenkeln, der knochigen Rückenpartie und dem blödsinnigen Grinsen.

Eine einzige hebt sich von den andern in junger, strahlender Schönheit ab. Rembrandt wird nicht müde, den würzigen Reiz ihrer ländlich kraftvollen Glieder zu feiern. Auf einem Bilde der Londoner Nationalgalerie sieht man ein junges Weib im Begriff zu baden. Das Gewand ist abgelegt. Nur noch mit dem Hemd bekleidet, das sie bis zum Schosse emporrafft, setzt sie den Fuss ins Wasser, während weiches Abendlicht auf ihren Schenkeln, dem Köpfchen, dem Busen spielt. Das Ganze wirkt wie ein erhaschter Augenblick. Etwas, das nur einmal war und nie wieder sein wird, ist mit einer Unmittelbarkeit, die an Degas denken lässt, festgehalten. Auf einem Bilde der Petersburger Eremitage mimt dasselbe junge Weib die Bathseba.

Nackt sitzt sie da, den Uriasbrief Davids in der Hand, während eine alte Frau ihr die Füsse trocknet. Neben dem Bilde, in dem er seine Saskia als Danae darstellte, ist dieser Akt wohl der erstaunlichste Rembrandts. Man kann in Worten nicht schildern, welchen wunderbaren Gegensatz das Weiss des Briefes und des Hemdes zu dem frischen Goldton des Körpers bildet. Und wie einst seiner Saskia, hat er auch dieser jungen Frau zahlreiche Bildnisse gewidmet. Auf einem der Berliner Galerie steht sie am Fenster, gleich Saskia in schimmernde orientalische Stoffe gehüllt. Auf einem des Louvre ist sie noch reicher gekleidet, mit einem Perlenarmband und glitzernden Ohrringen geschmückt. Das Licht spielt kosend auf dem Gesicht, auf dem Hals, auf der Büste. Man fühlt, dass wieder ein Verliebter hier seinen Schatz besingt.

Hendrickje Stoffels, eine dreiundzwanzigjährige Bäuerin aus dem Waterland, hatte die Führung von Rembrandts Haushalt übernommen. Und sie ist ihm im Laufe der Jahre sehr viel geworden. Aus der Haushälterin, dem Modell, wurde sie die Begleiterin seines Lebens. Rembrandt brauchte ein Weib. Er war auch zu sehr Arbeitsmensch, um ausserhalb des Hauses seine Vergnügungen zu suchen. Wieder verheiraten wollte er sich nicht, da er nach dem Testamente Saskias sonst nicht mehr die Verfügung über das Vermögen seines Sohnes Titus gehabt hätte. So erledigte er die Frage ohne Standesamt. Er schuf sich eine neue Familie. Er umgab sich mit Leuten — schlichten, einfachen Menschen — die zu ihm, der ja auch aus dem Volke stammte, passten; mit guten Seelen, die ihm nach der Arbeit das boten, was er draussen in der Welt nicht fand. Die alte Frau, die auf dem Louvre-Bild der badenden Bathseba den Fuss trocknet, ist die Mutter Hendrickjes, die sie mit ins Haus nahm. Das kleine Bauernmädchen, das in dem Bilde der Eremitage, auf den Besen gestützt, so gaminhafttrotzig uns anblickt, ist eine andere ihrer Verwandten, die nun auch zum Haushalt gehörte.

Titus, Saskias Sohn, wurde unter Hendrickjes Pflege ein schmucker Junge. Einem Märchenprinzen gleicht er in dem Bilde der Sammlung Kann, auf dem das Licht so weich über das schillernde Gewand, das Federbarett und das Gesichtchen hüpft. Die kleine Cornelia, die Hendrickje ihm schenkte, brachte weiteren Sonnenschein.

Diese Jahre waren die fruchtbarsten in Rembrandts Leben. „Entschlafen sind nun wilde Triebe mit jedem ungestümen Tun." In einer Radierung von 1648 hat er sich dargestellt, wie er am Fenster bei der Arbeit sitzt. Er hat sich nicht drapiert, hat den Schnurrbart nicht wie früher emporgedreht. Den Hut auf dem Kopf, in einfachem Werktagsrock, ist er ganz vertieft in sein Schaffen. Nur Velasquez in seinem Porträt des Bildhauers Montanez hat den Ernst künstlerischer Arbeit in so phrasenloser Schlichtheit gegeben. Und dieses Schlichte, Einfache, Manierlose, das man an Velasquez bewundert, wird nun überhaupt die Grundnote von Rembrandts Kunst. Er hat wieder ein Heim, fühlt in seinen vier Mauern sich wohl. So ist die Melancholie sowohl wie die verzehrende Begierde verschwunden. Etwas Beruhigtes, eine tranquillitas animi, die ihm früher fremd war, kommt über ihn. Man glaubt ihn zu sehen, wie er abends bei der Lampe sitzt und eine hübsche Muschel, ein paar Handschuhe, eine Gürtelschnalle, irgend etwas, was gerade auf dem Tische liegt, mit behaglicher Freude zeichnet, während neben ihm Hendrickje mit den Kindern spielt. Man glaubt auch zu fühlen, dass Radierungen wie die des Jan Six und des Kunsthändlers Francken nur von einem Manne geschaffen werden konnten, der sich gleichsam einwickelte in sein Home, alle Freuden seiner neuen Häuslichkeit mit wohligem Schauder genoss. Denn die Interieurs, die er hier zeichnete, sind nicht tot. Etwas von der Seele ihrer Besitzer ist in sie übergegangen. Das still Versonnene der Leute und das schummerige Weben des Lichtes ergibt einen Akkord von unsagbar traulichem Zauber.

Doch auch in anderer Hinsicht nahm er als Künstler damals einen neuen Anlauf. Von Jan van Eyck zu Michelangelo, das etwa war der Weg, den er von seinen Erstlingswerken bis zu denen seines Alters zurücklegte. Bisher hatte er sich in grossem Format nur ganz ausnahmsweise bewegt. Sein Vortrag, ohne kleinlich zu sein, war doch sorgsam verschmelzend. Jetzt geht er ins Breite, Wuchtige, Mächtige. Ein kühner, markiger Pinsel setzt die Farben auf. Gleichzeitig verliert das Licht alles Kapriziöse und Tändelnde, Scheue und Zaudernde. Statt nur verstohlen über die Dinge zu huschen, spricht es eine ganz einfache, elementare Sprache. Stimmungsträger, wird es doch gleichzeitig ein formverdeutlichendes Mittel. Es rundet die Flächen, vertieft die Schatten; macht dies plastisch deutlich, jenes nebelhaft unklar; gibt jedem Ausdruck, jeder Bewegung den grossen suggestiven Akzent. Man möchte sagen, ein Monumentalstil der Lichtmalerei ist geschaffen, ein Stil, der in manchem Betracht an Rodinsche Plastik erinnert. Zu diesen lapidaren Schöpfungen gehört das Petersburger Bild von 1650, wie Gott in Engelgestalt dem Abraham die Geburt eines Sohnes kündet; ferner das Kasseler Bild von 1656, wie Jakob mit zitternd tastender Greisenhand seine Enkel segnet. Und das Erstaunlichste, was er überhaupt geschaffen hat, enthalten die Bildnisse jener Jahre.

Oder ist es falsch, bei Werken solcher Art übcrhaupt von Porträten zu reden? Die Frage liegt nahe, da sie verschieden von allem sind, was vorher im Norden wie im Süden entstand. Die Porträte der Italiener haben wie ihre Kirchenbilder etwas Repräsentierendes, nach aussen Gewandtes. Die Menschen geben sich so, als fühlten sie die

Augen der Welt auf sich gerichtet. Sie machen Figur, wie es ihre soziale Stellung verlangt. Lorenzo Lotto ist der einzige, der zuweilen Leute, die nicht der Öffentlichkeit angehörten, in ihrem häuslichen Glück oder ihrem sorgenvollen Nachdenken darstellte. Doch zum Zeugen dieses Glückes und dieser Sorgen wird auch bei Lotto der Betrachter gemacht. Es bleibt das nach aussen Gewandte. Bei den nordischen Meistern bleibt es gleichfalls. Denn wenn Eycks Mann mit der Nelke, Dürers Holzschuher und Holbeins Gyze auch an kein Publikum denken, so vergessen sie doch niemals den Maler. Mit gespannter Aufmerksamkeit halten sie still, bis ihnen eine Ruhepause gewährt wird. Wie festgenagelt und ohne an anderes zu denken, verharren sie in der Stellung, die der Maler vorschrieb: so wie man beim Photographen sich nicht mehr rührt, wenn er die Kapsel wegnimmt. Dieses starre Aussehen, das „von der Malerkunst Bildnissen aufgeprägt wird“, suchte Leonardo in seinem Porträt der Mona Lisa zu mildern. Er liess Musiker und Rezitatoren zugegen sein, damit die junge Frau noch an anderes als an das blosse Modellsitzen dachte. Und auf diesem Wege zum Ungezwungenen, Momentanen, Lebendigen ging dann das siebzehnte Jahrhundert weiter. Lachen, singen, musizieren und trinken: das sind die Motive des Franz Hals.

Rembrandts ältere Bildnisse ordnen diesen Kategorieen sich ein. Man kann von seinen Werken der ersten Amsterdamer Zeit nichts anderes sagen, als dass er die Personen, die ihm als Modelle gegenüberstanden, sachlich und ehrlich abkonterfeite. Man kann von seinen Selbstbildnissen, dem Schiffsbaumeister und der Anatomie nichts anderes rühmen, als das er ihnen das Momentane, das an Hals' Werken fesselt, zu geben suchte. Und seine Bildnisse aus der Zeit der „Nachtwache“ können als eigentliche Porträte überhaupt nicht zählen. Er dachte da lediglich an Tonschönheit. Der Kopf war ihm nichts als valeur.

Nun aber betrachte man die Werke, die in den fünfziger Jahren entstanden. Kann man sich überhaupt vorstellen, wie sie gemalt wurden? Wer zum Porträt sitzt, weiss, dass er gemalt wird. Auch ein momentaner Ausdruck, ein Lachen, ein Aufblicken, ein Schmollen wird durch einen von aussen kommenden Eindruck hervorgerufen. Augenblicke des sich Gehenlassens, des völlig Unbewussten — wo man weder an den Maler noch überhaupt an die Aussenwelt denkt — sind überaus selten. Wie hat Rembrandt es angefangen, um solche Momente zu packen? Hat er sich eine Tarnkappe aufgesetzt, um ungesehen seinen Modellen zu nahen? Das Bauernmädchen der Dulwich Gallery, das so gedankenlos, weltentrückt vor sich hinträumt — sein Sohn Titus auf dem Wiener Bilde, der so ganz in der Lektüre aufgeht — Ephraim Bonus, der Arzt, der, von einem Krankenbesuch kommend, einen Augenblick nachdenklich auf der Treppe Halt macht: es ist, als hätte ihnen Rembrandt aus dem Hinterhalt aufgelauert, als hätte er sie festgebannt, noch ehe sie seine Anwesenheit ahnten. Und namentlich der Seelenfriede, die schweigsame Beschaulichkeit alter Leute zog ihn damals an, jene grosse Gelassenheit, die so still scheint und doch einen solchen Strom von Erinnerungen umschliesst. Er malte den Alten der Pittigalerie, der, die Hände ineinander gelegt, vor sich hinblickt, als ob die Geschichte seines ganzen Lebens an ihm vorüberzöge. Er malte auf einem Petersburger Bilde die alte Mutter Hendrickjes, wie sie, in unendlichem Sinnen verloren, in sich hineingrübelt. Keine Mimik, keine Gebärdensprache, keine Beziehungen zu Betrachter und Maler gibt es. Der Körper ist ganz ausgeschaltet — er ist nur Gefäss der Seele. Die ganze Aussenwelt ist versunken. In ihre tiefste Innenwelt ziehen sich die Leute wie in einen Schacht zurück. Gewiss — nicht vergessen darf werden, dass es immer nur um Menschen aus dem Familien- oder Freundeskreis Rembrandts sich handelt. Man kann solche Bildnisse nicht im Auftrag malen. Man kann sie nur malen von Leuten, die die Nähe des Malers nicht als störend empfinden; von Leuten, die man dermassen kennt, dass mehr das Erinnerungsbild als das während der Sitzung Gesehene die Grundlage des Bildnisses abgibt. Doch die Hauptsache bleibt, dass Rembrandt überhaupt das Problem sich stellte, dass er als erster aus Bildnissen alle Beziehungen zur Aussenwelt ausschied und Menschen, die sich unbeobachtet fühlten, in ihrer ganzen verschwiegenen Innerlichkeit darstellte. Man hat, wenn man in der Petersburger Galerie vor dem Bilde der Mutter Hendrickjes steht, das Gefühl, sie würde, wenn man ihren Namen ausspräche, wie eine Nachtwandlerin auffahren. Man denkt an die Verse, die Michelangelo unter die Statue seiner „Nacht" setzte:

„Nichts sehn, nichts hören ist mein ganz Begehren!
So wecke mich nicht auf, o rede leise."

Rembrandt selbst wurde aus seinem nachtwandlerischen Schaffen jäh aufgeschreckt. Er hatte, in seine Arbeit vertieft, vergessen, dass sein Lebenswandel gegen alle Grundbegriffe der Moral verstiess. Rafael hatte seine Geliebte, die vielbesungene Fornarina, bei sich, als er in der Wohnung des Papstes malte. Doch Holland war ein sittenstrenges, ehrbares Land. Da durfte unmöglich ein Maler, als ob es gar keines kirchlichen Konsenses bedurft hätte, den Ehemann spielen. Rembrandt gab Ärgernis. Am 23. Juli 1654 wurde Hendrickje durch ein Schreiben des calvinistischen Kirchenrats vor das Konsistorium entboten, weil sie mit Rembrandt, dem Maler, unzüchtigen Lebenswandel führe. Dreimal gab sie der Aufforderung keine Folge. Und als sie schliesslich erschien, wurde sie vom Abendmahlstisch ausgeschlossen, das heisst, mit der schwersten kirchlichen Disziplinarstrafe belegt. Ob das Bild, wie die Frau des Potiphar den Joseph bei ihrem Gatten verklagt, mit diesen Vorgängen in Zusammenhang steht, lässt sich schwer sagen. Seltsam ist immerhin, dass Rembrandt gerade damals zu dem Thema griff. Man glaubt unwillkürlich in dem anklagenden Weib die Verkörperung scheinheiliger Moral, in dem finster dreinblickenden Potiphar das gestrenge Konsistorium, in dem schluchzenden Joseph die gute, in ihrem Gewissen erschütterte Hendrickje zu sehen.

Und diese Szene vor dem Kirchenrat war nur das belanglose Vorspiel des grossen Dramas, das nun folgte. Rembrandt, in der Welt seiner Gedanken weilend, hatte nicht nur vergessen, was er der bürgerlichen Moral, auch was er seinen Gläubigern schuldete. Es ging ökonomisch bergab mit ihm. Schon seit Jahren. Nur wenn er ein Krösus gewesen wäre, hätte er das Leben, das er führte, ungestraft führen können. Gewiss — in den dreissiger Jahren war er, von Bestellern und Schülern überlaufen, auf dem besten Wege gewesen, ein reicher Mann zu werden. Das Vermögen Saskias kam hinzu. Doch schon der Hauskauf 1639 hatte ihn stark engagiert. Die Abzahlung der dreizehntausend Gulden machte ihm Schwierigkeiten. Eine Hypothek, die er aufnahm, wollte verzinst sein. Dazu seine Sammelwut. Nicht nur die Schmucksachen, die er seiner Saskia kaufte und all die kostbaren Stoffe, die seine Werkstatt füllten, hatten Tausende verschlungen. Er besass auch Bilder von Rubens, Palma und Giorgione. Er besass Gipsabgüsse nach Antiken und Mappen voll Kupferstiche. Bei jeder Versteigerung alter Kunstwerke war er zugegen und pflegte, wie berichtet wird, immer über den Normalpreis zu bieten, um, wie er selbst sagte, der Kunst die ihr gebührende Schätzung zu verschaffen.

Künstler, die zu solchen Extravaganzen neigen, haben es nicht schwer, sie zu befriedigen. Als ein Alchimist einmal zu Rubens kam und ihm, wenn er ihm ein Laboratorium erbaue, eine unerschöpfliche Ernte reinen Goldes versprach, erhielt er von Peter Paul die Antwort: „Meister Brendlin, ihr kommt um zwanzig Jahre zu spät. Denn damals schon habe ich durch Pinsel und Farbe den wahrhaften lapidem philosophicum gefunden". Auch dem Guido Reni fiel es leicht, durch seine Massenproduktionen alle seine Spielschulden zu decken. Aber Rembrandt? Auch er wie Rubens hatte sehr viel gemalt. Sein ganzes Leben war Arbeit. Doch seit der „Nachtwache" und schon früher malte er nur unverkäufliche Sachen. Leute, die Bildnisse von ihm wollten, wies er ab, um seinen künstlerischen Zielen ungestört nachzugehen. Konnte er, als Ebbe in seinen Geldkasten kam, nicht zurück kehren auf den Weg, den er seit dem Anatomiebild verlassen hatte? Es wäre zu spät gewesen. Denn auch diese Kunst hätte nicht mehr dem Geschmack der Generation, die unterdessen aufgewachsen war, entsprochen. Man wollte mit der Lupe in der Hand vor die Bilder treten, forderte jene glatte Detailmalerei, die Rembrandts Schüler Gerard Dou mit so lukrativem Erfolge betrieb. Dann kam die Richtung auf Vornehmheit und auf akademische Korrektheit. Nur wer in mythologischen Zuckerbäckereien die Werke der Italiener fad imitierte, genügte den Anforderungen von Leuten, die mit den Allüren des geadelten Kommerzienrats nun den bourgeois gentilhomme spielten. Was sollte da Rembrandt? Jahr um Jahr suchte er den Zusammenbruch hinauszuschieben. Die Schmucksachen und Silbergeräte, die er in seiner tollen Zeit gekauft hatte, wanderten Stück für Stück ins Versatzhaus. Seine Arbeiten, soweit es möglich war, verpfändete er. Man denkt an ihn selber, wenn man in der Kasseler Galerie vor dem Bildnis des Geometers steht, der mit der Feder in der Hand so sorgenvoll vor sich hingrübelt, als ob er den Ausweg aus einem Labyrinthe suche.

Kurz nachdem dieses Bild gemalt war, fiel der Würfel. Am 26. Juli 1656 wurde er auf das Drängen seiner Gläubiger in Konkurs erklärt. Seine Möbel, seine Sammlungen, sein Haus kamen der Reihe nach unter den Hammer und ergaben, da Amsterdam damals überhaupt eine wirtschaftliche Krisis durchmachte, nicht die Hälfte des Schätzungspreises. Prozesse ohne Ende wegen der Hinterlassenschaft Saskias folgten. Und Rembrandt, wie es scheint, bewahrte eine stoische Ruhe. Er setzte sich damals vor einen Fleischerladen und malte den „geschlachteten Ochsen“, jenes erstaunliche Bild des Louvre mit dem sprühenden flimmernden Licht, das auf der Haut, den Rippen und im Innern des Tierleibes spielt. Er war imstande, von den Männern, die mit der Durchführung des Konkurses beauftragt waren, dem Hauswart der Schuldenkammer Haaring und seinem Sohne, dem Auktionator, zwei wunderbare Bildnisse zu radieren. Wie es in seinem Innern aussah, verraten seine Werke nur ganz indirekt. Es ist kein Zufall, dass er gerade damals, als Plakate an allen Strassenecken die öffentliche Ausstellung seiner Sammlungen zum Zwecke der Versteigerung ankündigten, als Schuster, Schneider und Handschuhmacher in dem stillen Hause der Breestraat sich zusammendrängten — dass er gerade damals die Ausstellung Christi zeichnete: den armen, geschlagenen Menschen, der vor der Fassade eines vornehmen mit antiken Marmorwerken geschmückten Hauses von einer plebejischen Menge umjohlt wird. In dieselbe Zeit fällt die Radierung der Steinigung des Stephanus, des ersten Märtyrers. Und wie Michelangelo in der Gestalt seines Moses all seinen Groll, seine ganze Menschenverachtung zusammenballte, malte auch Rembrandt damals das gewaltige Bild des Berliner Museums, auf dem Moses mit wildem Zorn die Gesetzestafeln zertrümmert.

Ein reicher Schuhmachermeister kaufte das Haus. Er selbst tauchte unter. Das Gerücht verbreitete sich, er habe Holland verlassen und sei in den Dienst des Königs von Schweden getreten. Doch in Wahrheit war er aus der „Kaiserkrone“, einem kleinen Gasthaus in der Kalverstraat, wo er erst Unterschlupf gesucht hatte, nur in ein andres kleines Gasthaus, wo er nicht bekannt war, übergesiedelt. Dann gründeten Hendrickje und Titus einen Kunsthandel. Rembrandt verpflichtete sich notariell, die Geschäftsinhaber für die Kosten, die seine Behausung und Verköstigung verursachte, durch die Lieferung von Kunstwerken schadlos zu halten. Das heisst, er galt juristisch nur als Angestellter, nicht als Teilhaber des Geschäfts, damit der Erlös aus seinen Arbeiten nicht sofort von den Gläubigern beschlagnahmt werden konnte. Auf der Rosengracht, am Ausgang des Judenviertels, wo er früher so viel in den Antiquitätenhandlungen geweilt hatte, lag die kleine Wohnung, die er nun bezog, und wo seine letzten Werke entstanden. Denn, obwohl er nichts mehr hatte, obwohl er in einem kahlen Dachzimmer sass und von Brot, Pökelhering und Käse lebte — seine Kraft war ungebrochen, die Wogen irdischer Not schlugen nicht zu seiner geistigen Welt empor. „Die Sonne tönt in alter Weise in Brudersphären Wettgesang, und ihre vorgeschriebene Reise vollendet sie mit Donnergang.“ „Ich lasse dich nicht, du segnest mich denn,“ sprach Jakob, als er mit dem Ewigen rang. Mit diesem Bilde der Berliner Galerie hebt die letzte Schöpfungsperiode Rembrandts an.

Omnia mea mecum porto. Das konnte er nun mit dem griechischen Weisen sagen. Er, der früher mit den prunkvollsten orientalischen Stoffen sich drapierte, hat jetzt nichts mehr als einen alten, braunen Mantel. In diesem braunwollenen Mantel, eine weisse Hausmütze auf dem Kopf, das Auge schmerzverzerrt, als ob er an Kopfschmerz leide, steht er auf dem Louvre-Bild von 1660 an der Staffelei, sein Modell beobachtend, den Pinsel ansetzend, um zu malen. Wie ein Franziskaner mag er in seiner Kutte sich vorgekommen sein, und so ist nicht zufällig, dass er eine seiner letzten Radierungen dem Franziskus von Assisi, dem Poverello, der auch nichts Eigenes hatte, widmete: „Ihr sollt nicht Gold, noch Silber, noch Erz in euren Gürteln haben. Auch keine Tasche zur Wegfahrt; auch nicht zwei Röcke, keine Schuhe, auch keinen Stecken.“ Hat es nicht Reiz, diesen Gedanken weiter auszuspinnen: Franz, der, um Gott zu dienen, seine Habe weggibt — Rembrandt, der im Dienste der Kunst auf alle Eitelkeit des Irdischen verzichtet? Und mit diesem braunwollenen Mantel, den er selber trug, drapierte er die Modelle. Er zog ihn dem alten Eremiten der Sammlung Weber an, der, einen Pilgerstock und einen abgegriffnen Hut zur Seite, die müden Hände zum Gebete faltet. Er zog ihn der Mutter Hendrickjes an, deren Züge nun noch faltiger, noch vergrämter geworden sind. Tränen kennt sie nicht, auch kein Gebet. Schon halb dem Leben entrückt, gleichgültig für alles, schlägt sie die trägschleichende Zeit damit tot, dass sie mit einer grossen, alten Schere sich die Nägel schneidet.

Auch eine Bestellung, obwohl nur als „charité“, ging ihm noch zu. Einer seiner Schüler aus der Zeit, als er noch ein grosser Atelierherr war, der Marinemaler Jan van de Capelle, war als Besitzer einer Färberei mit den massgebenden Herren der Tuchmacherzunft bekannt. Er verschaffte ihm den Auftrag, die fünf Regenten dieser Zunft zu malen, in Holland „Staalmeesters“ genannt, weil sie die fertigen Tuche nach vorschriftsmässiger Kontrolle zu plombieren hatten. Und Rembrandt, der bei der „Nachtwache“ alles Übliche auf den Kopf stellte, war nun als salomonischer Weiser von solchen künstlerischen Gelüsten frei. Fünf Herren, mit dem Diener um einen Tisch gruppiert, blicken auf den Betrachter: das heisst, er ist völlig in die gewohnten Geleise des herkömmlichen Regentenstücks zurückgekehrt, hat sogar auf die Einheitlichkeit der Handlung, wie er sie im Anatomiebild gegeben hatte, prinzipiell verzichtet, gibt nichts als fünf Einzelporträte — ganz wie die Besteller es wünschten. Freilich, dass das Bild ein „Rembrandt“ wurde, konnte er auch so nicht verhindern. Fehlt die inhaltliche Einheitlichkeit, so wird die künstlerische doch durch das Licht geschaffen. Weicher grauer Äther hüllt die Gestalten ein und verleiht ihnen eine Plastik, einen Lebenshauch, dass man glaubt, sie umtasten zu können, dass man von ihren Blicken sich verfolgt wähnt. Nur eine Hand, die vierzig Jahre lang den Pinsel geführt, vermochte die Formen mit solcher Naturgewalt hinzuschreiben. Rembrandt hat nun bewiesen, dass er wie Velasquez imstande war, auch unter strengstem Anschluss an ein gegebenes Thema ein Kunstwerk grössten Kalibers zu schaffen.

Aber bei Aufträgen scheint ihn ein Verhängnis zu verfolgen. Wie 1642 nach der Vollendung der „Nachtwache“ Saskia starb, starb 1664 nach der Vollendung der „Staalmeesters“ Hendrickje. Als hätte er eine Ahnung gehabt, dass er allein bleiben sollte — auch sein Sohn Titus ging ihm im Tode voraus — hatte er schon 1659 die merkwürdige Radierung gezeichnet: „Die Jugend durch den Tod überrascht“. Eine junge Frau und ein junger Mann — Hendrickje und Titus — denen ein Gerippe mit der Sanduhr drohend den Weg versperrt. Und nun, als Hendrickje tot war, ging es auch mit ihm selber zu Ende. Seine Selbstporträte zeigen in fürchterlicher Weise, welche Veränderungen an ihm vorgingen. Das Gesicht ist schwammig und aufgedunsen. Die schlaffen Augenlider zieht er gewaltsam in die Höhe; der Blick ist staunend wie der eines Kindes, das zum ersten Mal in den Spiegel schaut. Rembrandt muss schon in seiner frühen Zeit sehr viel getrunken haben. In einigen Jugendporträten machte es ihm Freude, den duseligen Ausdruck zu fixieren, den ein Weinrausch dem Kopfe gibt. Und an die Stelle des Weines trat nun der Fusel. Er ward zum Kinderspott. Weyermann schildert, wie er in den Schnapskneipen sich betrinkt, und Sandrart sah ihn stieren Blickes, wankend zwischen den Trödlerläden des Armenviertels herumtrotteln.

Radieren konnte er nicht mehr. Dazu war sein Auge zu schwach. Aber den Pinsel, wenigstens den Malstock, gab er nicht aus der Hand. Mit der Maurerkelle in grossen Patzen trug er die Farben auf. Es wurde gewitzelt, ein Rembrandtsches Bildnis könne man an der Nase emporheben. Und seltsam, diese letzten Arbeiten Rembrandts, die, in der Nähe betrachtet, mehr modelliert als gemalt, nur wie ein Chaos dicker Farbenmassen wirken, sind die modernsten unter allen seinen Werken. War sein trübes, halb erblindetes Auge nur noch für die stärksten Farbenreize empfänglich? Oder berührte er das Problem, dass ungebrochene Farben, nach optischen Gesetzen in Flecken nebeneinandergestellt, in unerhörter Weise die Leuchtkraft der Bilder steigern? Kurz — aus dem Luministen von früher, der nur Tonnuancen kannte, ward noch ein Kolorist, der in den leuchtendsten, glühendsten Farben schwelgte, und seine letzten Werke lassen mit den mittelalterlichen Mosaiken sich ebenso sehr wie mit den Erzeugnissen des modernsten Impressionismus vergleichen. In einem Amsterdamer Bild behandelt er — alt und doch noch nicht wunschlos — das Thema, das man aus den Werken unseres Cranach kennt: wie ein Alter liebesuchend einem jungen Weibe sich naht. Das seltsame Braunschweiger Familienbild setzt — mehr ein Relief als ein Bild — aus hochroten und goldgrünen Farbenbergen sich zusammen. In dem Petersburger Bild, auf dem ein blinder, alter Mann tastend mit unendlicher Liebe über den Rücken seines Sohnes streicht, der als edler Junker auszog und als räudiger Bettler heimkehrt, leuchtet dem Betrachter ein jähes, durch gelb gesteigertes Ziegelrot wie eine Fanfare entgegen. Das letzte Datum — 1668 — steht auf der Darmstädter „Kreuzigung“. Der grosse Dulder, der Gott der „Erniedrigten und Beleidigten“, hat ausgelitten. Es ist vollbracht. Am 8. Oktober 1669 war Rembrandt tot. Das amtliche Protokoll stellte fest, dass er nur seine Kleider, die Leibwäsche und das Malgerät hinterliess. Titus' Witwe und Cornelias Vormund behielten sich Bedenkzeit über die Annahme der Erbschaft vor. Cornelia, verheiratet, folgte später ihrem Manne nach Indien.

Soll man die Sprache dieses trockenen Polizeiberichts noch durch irgendwelchen Zusatz abdämpfen? Es ist wohl besser, nur das zu wiederholen, was eingangs gesagt wurde: Rembrandt, als Sohn des freien Hollands, war der erste freie Künstler. Statt wie die frühern einem kirchlichen oder weltlichen Hofstaat sich einzuordnen, war er auf seine königliche Unabhängigkeit stolz. Statt wie die frühern sich an Aufträge zu binden, zeichnete und malte er das, was sein Genius ihm eingab. Er hat so das Reich der Kunst um ganz neue Provinzen erweitert. Er ist Wege gewandelt, die noch kein Früherer ging; hat Schätze gehoben, die des Entdeckers harrten. Darum feiern wir ihn heute. Den Namen Rembrandt aussprechen, heisst eine Fahne aufhissen: das Banner unabhängigen, stolzen Künstlertums. Doch sind dem „Protomartyr" nicht Scharen anderer Märtyrer gefolgt? Heisst sein Schaffen schildern, nicht noch immer eine Tragödie, eine Tragödie, die nicht historisch ist, schreiben? Oder haben die dreihundert Jahre, die seit seiner Geburt vergangen, die Welt verändert? Haben wir den Lebenden gegenüber jenen Scharfblick, dessen — grossen Toten gegenüber — wir so pharisäisch uns rühmen? Nein — Rembrandt schreitet wie ein Ahasver noch durch die Lande. Noch jetzt erklingt an die Künstler sein Ruf: „Nimm dein Kreuz auf und folge mir".

BILDERVERZEICHNIS.

BETTLER UND LANDSTREICHER

1630 – 1632

SELBSTBILDNISSE

1630 – 1632

DER SCHIFFSBAUMEISTER UND SEINE FRAU

London, Buckingham-Palace

Thomas de Keyser: ANATOMIE DES DR. SEBASTIAN EGBERTSZ DE VRY

Nach einer Original-Aufnahme von Franz Hanfstaengl, München

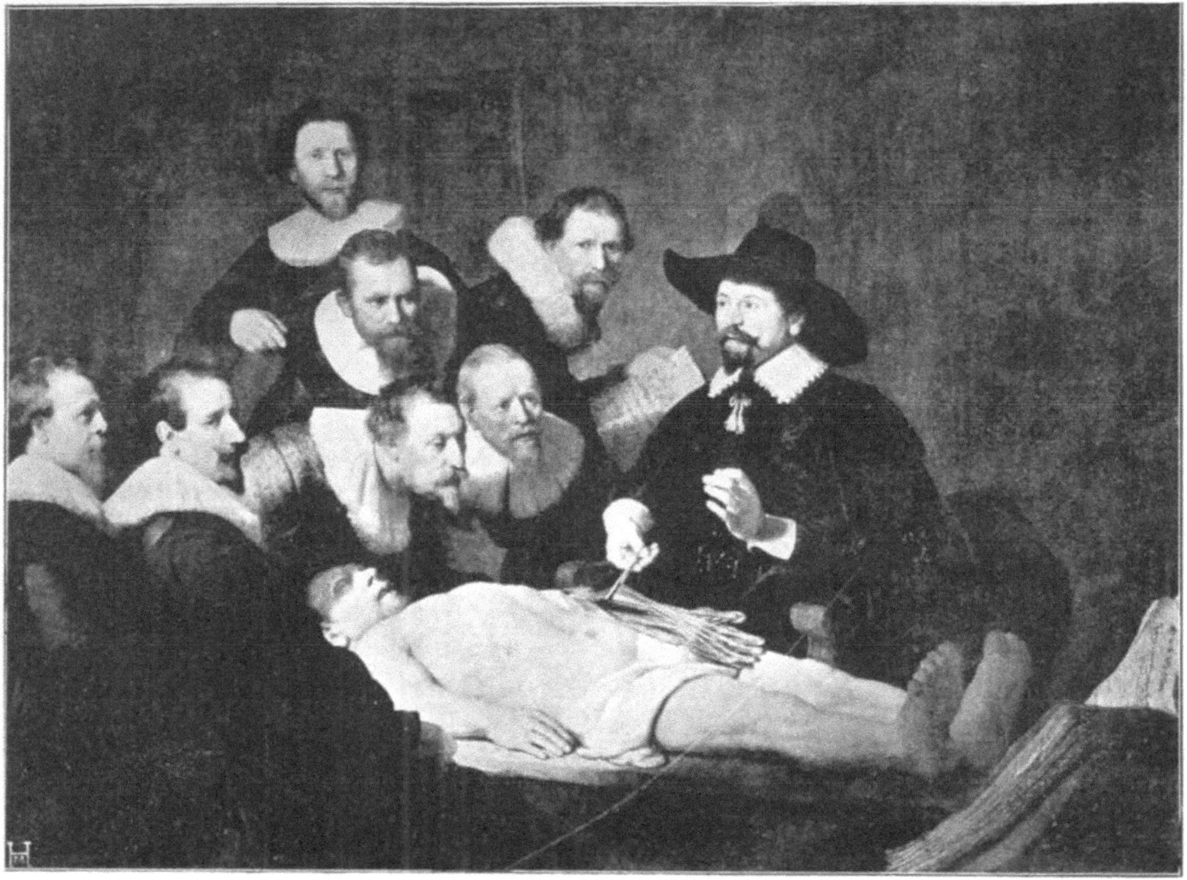

ANATOMIE DES PROFESSORS NIK. PIETERSZ TULP

Haag, Museum

1632

SASKIA VAN UYLENBURGH (als Braut)

Cassel, Kgl. Galerie

1633

Nach einer Original-Aufnahme von Franz Hanfstaengl, München

SELBSTBILDNIS

Wien, Lichtenstein-Galerie

1635

SELBSTBILDNIS DES KÜNSTLERS MIT SEINER GATTIN SASKIA

Dresden

1636–1637

Nach einer Original-Aufnahme von Franz Hanfstaengl, München

DANAE

Petersburg, Eremitage

1636

ABRAHAM MIT DEN DREI ENGELN

Petersburg (Eremitage)

DER ROHRDOMMELJÄGER

Dresden, Gemäldegalerie

1639

DAME MIT DEM FÄCHER

London, Buckingham Palace

1641

DIE NACHTRUNDE

Amsterdam, Reichsmuseum

1642

GEWITTERLANDSCHAFT

Braunschweig, Herzogl. Museum

LANDSCHAFT MIT DEN DREI BÄUMEN

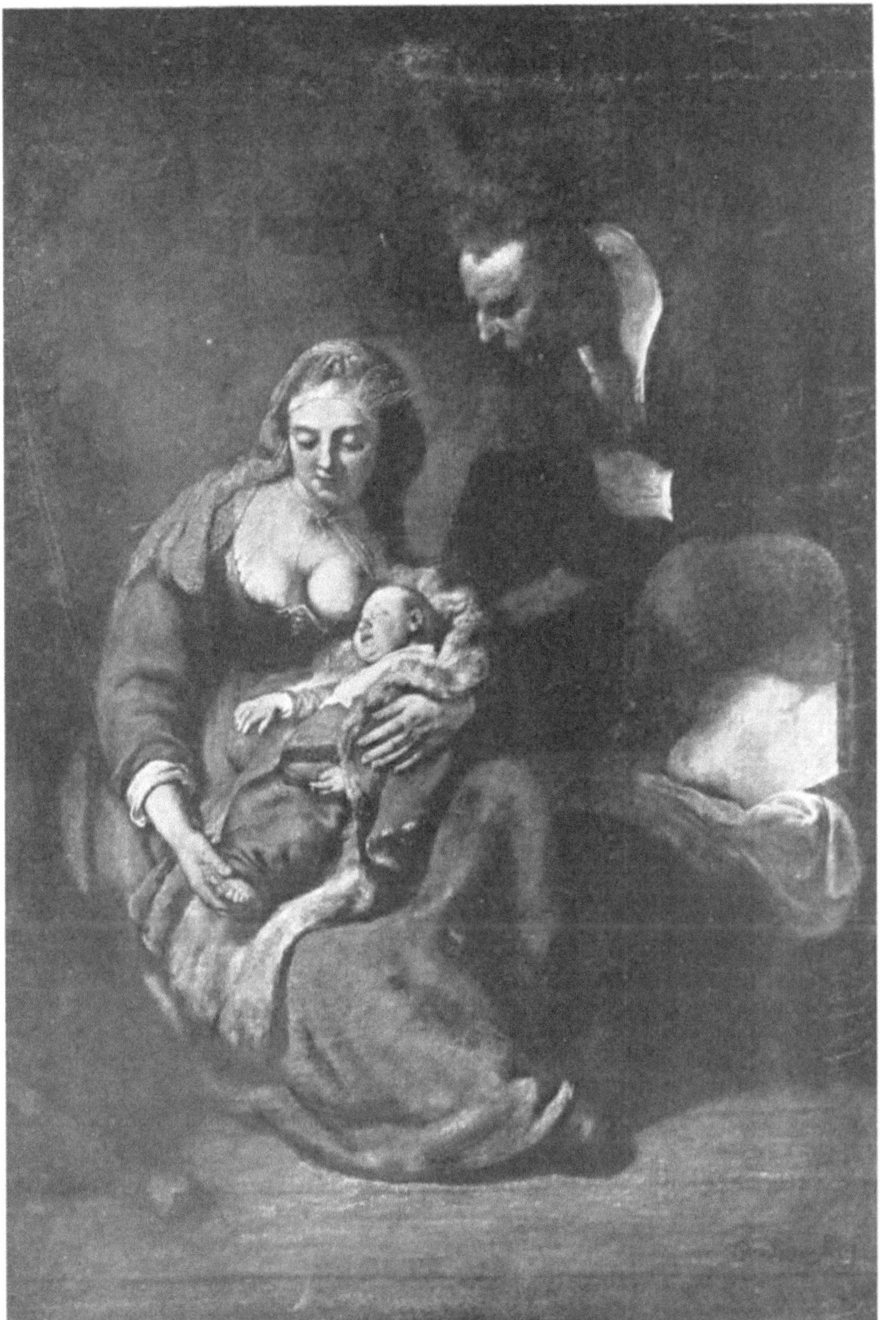

DIE HEILIGE FAMILIE

München, Alte Pinakothek

1631

Freie Skizze von Rembrandt nach Lionardo da Vincis »ABENDMAHL«

Lionardi da Vinci DAS HEILIGE ABENDMAHL (Nach dem Morghenschen Stich)

Nach einer Original-Aufnahme von Franz Hanfstaengl, München

DAS »HUNDERTGULDENBLATT«

JAKOB SEGNET SEINE ENKEL MANASSE UND EPHRAIM

Cassel, Kgl. Galerie

SELBSTBILDNIS

Paris, Louvre

1660

SELBSTBILDNIS

Florenz, Uffizien

1664

DIE SYNDICI DER TUCHHÄNDLER

Amsterdam, Reichsmuseum

1661

Thomas de Keyser: FAMILIENBILD

Berlin

Nach einer Original-Aufnahme von Franz Hanfstaengl, München

FAMILIENBILD

Braunschweig, Herzogl. Museum